西南石油大学人文社会科学专项基金项目（课题编号：2018RW018）

新时期老龄体育供需与科学锻炼研究

彭　亮◎著

南方传媒　广东人民出版社
·广州·

图书在版编目（CIP）数据

新时期老龄体育供需与科学锻炼研究 / 彭亮著 .—
广州：广东人民出版社，2023.12
ISBN 978-7-218-17058-9

Ⅰ.①新… Ⅱ.①彭… Ⅲ.①老年人—体育活动—社会服务—研究—中国 Ⅳ.①G812.48

中国国家版本馆 CIP 数据核字（2023）第 205941 号

XINSHIQI LAOLING TIYU GONGXU YU KEXUE DUANLIAN YANJIU
新时期老龄体育供需与科学锻炼研究

彭 亮 著

出 版 人：肖风华

责任编辑：马妮璐
责任技编：吴彦斌 周星奎
装帧设计：马静静

出版发行：广东人民出版社
地 址：广东省广州市越秀区大沙头四马路 10 号（邮政编码：510199）
电 话：（020）85716809（总编室）
传 真：（020）83289585
网 址：http://www.gdpph.com
印 刷：北京亚吉飞数码科技有限公司
开 本：710mm×1000mm 1/16
印 张：13.5 **字 数：**214 千
版 次：2024 年 4 月第 1 版
印 次：2024 年 4 月第 1 次印刷
定 价：70.00 元

如发现印装质量问题，影响阅读，请与出版社（020-85716849）联系调换。
售书热线：（020）87716172

前 言

随着国民经济的不断发展、群众物质生活条件的日益改善以及消费能力的逐渐提升，国民对健康的关注度和追求层次越来越高。与此同时，老龄人口的增加却使社会经济、养老等问题日益凸显。积极应对人口老龄化，推进健康老龄化已成为新时期社会、政治、经济可持续高质量发展亟待解决的时代课题。毋庸置疑，健康是人们进入老年阶段后关注的一个最主要、最核心的问题，而体育锻炼是必要且有用的保持健康的途径。对于老龄体育供需改革、服务创新及实践指导等问题的研究，在人口老龄化背景下凸显紧迫性与重要性。根据我国人口老龄化的发展趋势和老年人口的健康状况，密切关注老年人的体育需求，加强老年人体育供给改革，为老年人体育锻炼提供科学有效的指导，不仅是建设健康中国的需要，也是推进健康老龄化的需要。基于此，作者在查阅大量相关著作文献的基础上，精心撰写了本书。

本书共六章，第一章阐释老龄化与老龄社会的基本含义、发展态势、社会影响及应对策略，以了解本书的研究背景，认清发展老年体育事业的重要性。第二章分析老年人的身心特点、体质状况以及体育锻炼与老年人体质健康的关系，深入理解体育锻炼对老年人的重要价值。第三章是新时期老年人体育需求与供给研究，调查分析新时期老年人的体育消费、体育需求情况，从而基于现状探讨老年人体育供给侧改革的有效策略。第四章是老年人体育锻炼的科学理论，主要从锻炼理论基础、锻炼原则、锻炼方法、锻炼注意事项以及锻炼心理指导几方面为老年人参与体育锻炼提供科学的理论与方法指导。第五章探讨老年人体育锻炼医务监督与健康管理，通过加强对老年人的运动医务监督和健康管理，切实保障其锻炼效果，为其身心健康保驾护航。第六章是老年人科学锻炼项目及方法，精选适合老年人参与的几类体育项目展开研究，为老年人科学锻炼提供实践指导。

本书以新时期老龄社会为背景来对老年人体育供需与体育锻炼展开研究，以推进健康老龄化和健康中国建设，具有突出的时代性。在老年人体育供给改革研究中，立足老年人身心特点、体质状况、体育需求进行具有针对性的改革，以提升老年人体育基础设施供给、体育用品供给、体育服务供给的精准度和实效性，切实满足老年人多方面的体育需求，刺激老年体育产业的发展和老年体育公共服务体系的完善。在老年人科学锻炼研究过程中，既有理论层面的科学指导，也有具体项目的实践指导，做到了理论与实践的有机结合，以保障老年人通过锻炼达到强身健体、延年益寿的目的。期望本书能够为解决老年人体育供需矛盾、推动老年体育事业的发展以及提升老年人体育锻炼效果做出贡献。

在本书的撰写过程中，作者不仅参阅、引用了很多国内外相关文献资料，而且得到了同事亲朋的鼎力相助，在此衷心表示感谢。由于作者水平有限，书中难免有疏漏之处，恳请同行专家及读者批评指正。

作　者

2023年2月

目 录

第一章　老龄化与老龄社会

人口老龄化对于世界各国而言都是一个重大的社会问题，也是关系各国经济、社会发展以及人口政策的一个战略性问题。虽然我国人口老龄化出现的时间比较晚，但20世纪70年代计划生育政策的实施加速了我国人口老龄化进程。2000年我国开始进入老龄社会。人口老龄化直接涉及老年人退休后的收入、家庭养老模式、储蓄、养老金、护理、消费、保健、医疗等问题。我国作为一个发展中国家，这些方面的问题更加突出。本章重点对老龄社会背景下的老年人进行研究，首先阐释老龄化相关概念，其次简析老年人的身心特征，最后重点对我国人口老龄化的发展态势、老龄化的应对策略等内容进行分析与研究。

第一节　老龄化与老龄社会的相关概念解析

一、老龄化相关概念

（一）老年人口与人口老龄化

1.老年人口

老年人口，也就是我们常说的老人，世界上一般将年龄在65岁以上的人定义为老年人口。我国对是否为老年人口进行界定时以60岁年龄为界。我国颁发的《老年人权益保障法》中明确规定60周岁以上的公民即为老年人。这些界定都是以日历年龄为标准进行的，也就是以人口学的角度界定的，这种界定方式也被学术界采用。

人口学词典中对老年人的解释为“老年常常用来指大多数人在此时将要退休的那一生命时期，在此年龄以上的人，叫作老年人”。

《现代汉语词典》中将六七十岁以上的年纪定义为老年。

现阶段，人口学界关于老年人口的界定形成了统一的认识，即统一将60岁或65岁以上的人口定义为老年人口。[①]从不同角度出发，可以对年龄进行不同的定义，常见的界定角度除上面涉及的人口学角度外，还有社会角度、生理角度、心理角度，从这些角度出发对年龄的定义分别对应的是生理年龄、心理年龄和社会年龄。

人口学研究中采用日历年龄的标准是有一定科学性的。然而，严格意义上而言，我们对年龄的界定更应该从经济学角度来进行，这样的定义更为确切，这主要是考虑到了不同年龄人口对经济社会发展的影响。有些人到了一定的年龄（如60岁）后仍然能够进行劳动，而一些人还未达到这一年龄界限

---

① 韩鹏.新时期我国人口老龄化问题[M].北京：经济管理出版社，2015.

时就已经无法继续参加劳动了，这样的情况在50多岁的人群中较为普遍，甚至40多岁的人群也存在这种现象。从社会个体的视角来看，当一个人的日历年龄到了一定岁数后，其消费与储蓄之间的关系是前者小于后者，我国民众的储蓄意愿比较强，因此这种情况更明显。当一个人的日历年龄还未达到一定岁数，也就是还处于年轻时期，其消费与储蓄（收入）之间的关系往往是前者大于后者。这种现象在养老收入中也是常见的，我国有很多老年人特别是农村地区的老年人，他们暂时还没有成为年轻人的养老负担，他们基本上都是“活到老干到老”，通过自己的劳动来维持生存，维持自己的日常生活及满足自己的养老需要。同时，一些人日历年龄还没进入老年阶段，但已经没有了劳动能力，只能通过其他渠道来维持生活，这些人的后代一般都要承担沉重的养老负担。

从上面所分析的视角来看，我们可以简单地将人分为两种类型：一类是当前有劳动能力的人，另一类是当前失去劳动能力的人。每个人到了一定的日历年龄后，其都会具备劳动能力，刚开始这种能力比较弱，但随着日历年龄的增加，其劳动能力会随之不断强化，而在日历年龄增加到一定程度后，其劳动能力就开始逐渐转弱，最后会完全失去劳动能力。人们的劳动能力经历了一个由弱变强再变弱的过程，在这一过程中，人的社会角色也在相应地发生转变，即从生产者和消费者的统一体向纯粹的消费者转变。尽管随着日历年龄的增加，人的心理会愈加成熟，但当其日历年龄达到一定的界限且失去了劳动能力时，他便无法再继续提供基本的生产要素——劳动，而这时他就成了老年人口。可见，从经济学层面来看，虽然日历年龄与老年人口的概念息息相关，但没有严格的年龄标准，而且是否具有劳动能力也是判断一个人是否为老年人口的主要标准之一。为了便于研究与统计相关数据，下面所提到的老年人口依然是以日历年龄为标准界定的，即指的是60岁及以上的人。总而言之，从经济学意义上定义老年人口有利于我们对人口老龄化问题有更好的认识，也有利于我们更有效地采取一些措施来应对老龄化带来的一系列问题。

2.人口老龄化

人口总数中，因年轻人口数量减少、年长人口数量增加而造成的老年人口比例相应增长的动态过程就是所谓的“人口老龄化”（Ageing of population）。就更加宽泛的动态角度而言，人口老龄化是指总人口中老年人口比例持续不断增大的一种状态。①

我们可以从动态和静态两个角度来看人口老龄化的定义，从静态方面来看，人口老龄化是指社会人口结构呈现老年状态，进入老龄化社会；从动态方面来看，人口老龄化是老年人口相对增多，在总人口中的比例不断上升的过程。需要注意的是，老年人口增加并不代表老年人口在总人口中所占的比例增大，因而人口老龄化也并不一定会出现，人口老龄化是相对于总人口比例而言的。

对一个国家或地区是否进入老龄化社会进行衡量的标准主要是该国家或地区的总人口中，60岁以上的人口所占比例是否达到10%，或65岁以上的人口所占比例是否达到7%，如果是，即判断为进入老龄化社会。这一衡量标准在国际上是通行的。

现实研究中，抚养系数和老年系数是对人口老龄化程度进行衡量的两个主要指标。抚养系数是指劳动者人数和非劳动者人数的比值，实际上，这一指标常常指人口中非劳动年龄人数与劳动年龄人数的比值（用百分数表示）。抚养系数并不经常用到，经常用的指标是老年系数，如总人口中少儿人口所占比、总人口中60岁或65岁及以上人口所占比、老年人口与少儿人口的比值、人口年龄中位数等。下面对人口老龄化程度的衡量主要采用的指标就是老年系数，具体是总人口中60岁或65岁及以上人口所占比这一指标。

（二）高龄老人与人口高龄化

1.高龄老人

当前，我国学术界以及世界学术界都没有对高龄老人的概念做出统一的界定，还有待进一步商讨与规范。之所以没有统一界定高龄老人的概念，主

---

① 姜向群，杜鹏.中国人口老龄化和老龄事业发展报告[M].北京：中国人民大学出版社，2015.

要是因为在总人口中高龄人口只占有比较小的比例，因而社会各界对其的重视程度较低，并且对其展开研究的时间并不长。通过查找相关文献资料发现，关于高龄老人的概念有多种说法，具有代表性的有以下几种。

图1-1　人口老龄化

第一，高龄老人指的是80岁及以上的老年人口，这种界定的认可度比较高，本章对高龄人口的分析主要采用的也是这一观点。从这个定义来看，高龄人口包含在老年人的范畴中。

第二，高龄老人就是指老年人口，我国有专门研究日本人口老龄化问题的学者，这部分学者比较认同这一定义，此外，早期我国在日本留学的一些学者也同意这一说法。事实上，这一界定并不科学，在老龄化进程中，高龄化现象逐渐从中分离，因而将二者混为一谈明显是错误的观点。

第三，中位年龄以上的人口就是高龄老人。这一概念将人口分为两类，即高龄人口和低龄人口，划分界线是中位年龄。这一界定方法比较新，但主要问题在于分界过于宽泛，因而对于研究老龄化进程中的高龄化现象较为不利。

第四，70岁及以上的老年人口为高龄老人，这一界定多出现在医学文献中。这种界定虽然可循依据，然而从经济学视角而言，70岁还未达到一个明显的劳动参与变化的界限，所以科学性不够高。[①]

综上，我们将80岁及以上的老年人口定义为高龄老人。

2.人口高龄化

不同国家对人口高龄化的概念有不同的界定方法，还未形成统一的认识。例如，日本有学者将人口高龄化定义为：在人口的年龄构成方面，高龄人口的比例相对变大的过程。而且，日本学者认为，死亡率的下降是引起人口高龄化的主要原因。本书将人口高龄化界定为：全体老年人口中80岁及以上的高龄老人的所占比趋于上升的过程。人口高龄化系数是衡量人口高龄化程度的主要指标。

$$\text{人口高龄化系数} = \frac{\text{80岁及以上高龄老人}}{\text{60岁及以上老年人}} \times 100\%$$

从上述对人口老龄化和人口高龄化概念的界定可以看出，二者是同一类型的概念，其都是对人口年龄结构“老化”现象的反映。但这两个概念存在差别，人口老龄化指的是全体老年人在总人口中的增长情况，而人口高龄化指的是高龄老人在老年人口中的增长变化情况。通过对比发现，人口老龄化关系到整个国家的所有人口，而人口高龄化仅仅涉及特定群体，即老年人口，更具有针对性。很明显，人口高龄化的研究范围较小。因此，倘若我们将人口老龄化看作总人口的老龄化，那么就可以将人口高龄化看作老年人口的老龄化。从内部因素来看，婴儿出生率的下降是造成人口老龄化的主要原因，即少子老龄化，而老年人口死亡率的下降是造成人口高龄化的主要原因。由此可以明确人口老龄化与人口高龄化的关系，即后者是前者的一种“质变”。

① 黄润龙.人口老龄化对我国经济发展的影响因素[M].北京：科学出版社，2015.

二、老龄社会的概念

老龄社会又称老龄化社会，是1956年联合国报告提出的术语。从人口年龄结构的角度来看，老龄社会就是指老年人口比例超过10%的社会，是一种基于老年型人口年龄结构的社会形态。①人类历史上人口年龄结构的发展呈现三种类型：青年型、成年型和老年型。当年龄结构从成年型转变为老年型以后，人类便进入老龄社会。老龄社会是社会发展到一定阶段的产物，是一种全新的社会形态。在这种社会形态之下，社会的人力资源结构、消费结构、家庭结构等都发生了重大变化。

人口老龄化主要表现为人口年龄结构发生转变，呈现出一个动态的过程，在这个过程中，老年人口的比重不断上升；而老龄社会是一个综合性概念，不仅表现为人口结构的转变，其他方面的变化也很大。总之，老龄社会是人口老龄化发展的必然结果，人口老龄化是老龄社会在人口方面的主要特征。

第二节　我国人口老龄化的发展态势

一、我国人口老龄化的发展现状

当前，我国人口老龄化的进程在不断加快，因而引发的社会经济问题越来越多，政府、学术界以及社会各界对此给予了高度的关注。随着我国经济

① 尹飞腾.大连市老年人体育公共服务供给效能提升研究[D].辽宁师范大学，2022.

发展水平的不断提高，我国人口老龄化表现出不断加快的特征，不管是从数量而言，还是从比例上来看都是如此。这必然会加强对其他各方面的影响。人口寿命水平提高是导致人口老龄化加快的主要原因。现在，我国老年队伍中，有大量的老年人都是出生于20世纪五六十年代的，这是20世纪的生育高峰期，也是使我国人口老龄化进程加快的主要影响因素。

通过对我国人口普查资料和国家统计局公布的相关数据进行查阅，我们能够对我国人口老龄化的发展情况及老年人口各方面情况进行深入的了解与把握，从而为相关研究的开展及社会各方面政策的制定提供有力的依据。具体来看，当前我国人口老龄化的发展现状表现在以下几方面。

（一）老年人口规模大、老龄化速度快

我国正式步入老龄化社会是在2000年。通过对第五次全国人口普查数据进行查阅后了解到，在我国总人口中，60岁及以上人口占到10.2%，共1.3亿人，65岁及以上人口占到6.96%，共8811万人。查阅2010年第六次全国人口普查数据后了解到，在我国大陆总人口中，60岁及以上人口占到13.26%，共1.78亿人，65岁及以上人口占到8.87%，共1.19亿人。与2000年人口普查数据相比，60岁及以上人口在总人口中的比重增加了2.93%，65岁及以上人口在总人口中的比重增加了1.91%。可见，2000—2010年，我国人口老龄化速度不断加快。

2010年后，我国迎来了老年人口快速增长的时期。2020年，全国60岁及以上老年人口规模已达到2.64亿人，占总人口比重从2010年的13.32%提升至18.73%，10年间每年约增加864万人，年均增长率为4.04%；65岁及以上老年人口规模已达到1.91亿人，占总人口比重从2010年的8.92%提升至13.52%，10年间每年约增加717万人，年均增长率为4.83%。

根据中国人口与发展研究中心最新的预测，60岁及以上老人，2025年将达到3.21亿，2032年或突破4亿。65岁及以上老人，2025年达到2.21亿，2033年突破3亿。60～64岁低龄老人，2020年为0.68亿，2026年突破1亿，2035年为1.06亿，这意味着中国将从轻度老龄化进入中度老龄化阶段。

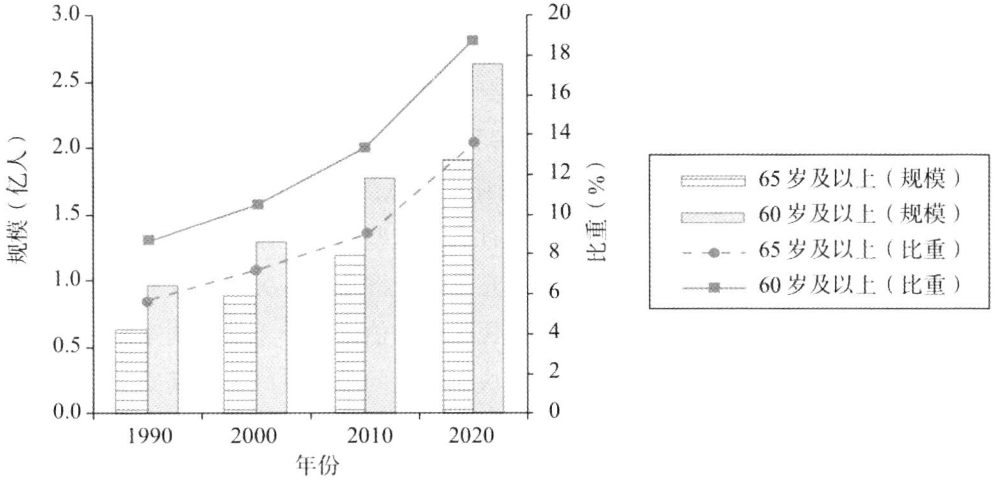

图1-2　老年人口规模和比重变化趋势①

资料来源：《中国1990年人口普查资料（第一册）》《中国2000年人口普查资料（上册）》《中国2010年人口普查资料（上册）》《中国人口普查年鉴2020（上册）》。

我国并不是突然就进入老龄化社会的，这是一个不断累积、变化和发展的过程，并将长期影响着未来的发展。我国从20世纪70年代开始，老年人口在总人口中所占的比例不断增加的趋势就很明显。近几十年来，我国人口出生率在逐步下降，这是导致我国老年人口比重不断增加的主要原因。20世纪70年代，我国推行计划生育政策，这就进一步加速了我国人口老龄化的进程。另外，人口寿命延长也是我国人口老龄化发展快速的一大原因。

（二）未富先老

20世纪后期，我国为了控制人口急剧增长的情况，开始制定和推行计划

① 杨涵墨.中国人口老龄化新趋势及老年人口新特征[J].人口究，2022，46（05）：104-116.

生育政策，以此来控制人口出生率，这是我国人口老龄化进程加快的一个主要影响因素。我国进入21世纪后，仍然面临着沉重的人口压力，所以计划生育政策仍继续推行，因而导致我国达到人口老龄化的高峰。但是，我国已推行“三孩政策”，这在未来有利于缓解我国人口老龄化发展的进程。

可以说，我国是在社会经济水平还比较低的状态下进入老龄化社会的。起初，一些发达国家最先进入老龄化社会，这些国家先富后老，人均国民生产总值超过了20 000美元，因而其有充足的经济条件解决人口老龄化带来的问题。但我国是未富先老，在人均国民生产总值远远小于发达国家的时候就进入了老龄化社会，因而我国没有解决老龄化问题的良好经济基础。

对少年人的扶养和对老年人的扶养需要不同的社会资源，因而面临的负担也有差别。相关研究显示，对一位老人和一名儿童进行抚养所需要的平均费用之比为2∶1～3∶1。虽然我国儿童人口的比例在不断下降，使得老年人口比例的上升在一定程度上被抵消了，但在一定时期内，我国需要扶养的老年人口比例仍在不断增加，而且相关的社会费用支出也会持续增长。社会对老年人主要的支出项目是医疗费用及退休金。在一些发达国家中，因为“高所得税、高社会福利”政策的推行，使得国民收入中几乎有1/3用于社会保障费用。美国的养老金是主要财政支持项目，有时候一年中的养老金开支比国防费用还要多。我国为离退休职工支出的退休金在不断增加，而且医疗费用也在日趋提高，但是与发达国家的支付比例相比，还有很大的差距，而且现有的退休金及医疗支出难以使大部分老年人的需求得到保障。

（三）高龄化和失能化问题显著

我国步入老龄化社会后，不仅老龄化发展进程在加快，而且老年人口中不同年龄组的人口结构也在不断变化。当前，在我国老年人口中，所占比例较高的是低龄老年人，但比例增长较快的是高龄老年人。

在各方面的影响下，我国老年人口内部在年龄结构上存在着明显的变化，总体来说，低龄组老年人口比例下降，高龄组老年人口比例上升是主要的变化趋势。人口寿命的延长是导致这一变化趋势的主要原因。随着我国老年人口的快速增加，尤其是高龄老年人和失能老年人口的增加，对老年人的生活照顾、精神文化、医疗保健、康复护理等有了更大的需求，因而我国面临着较为严峻的养老问题。

高龄化与失能化问题的凸显要求我国政府高度重视养老问题，并采取有效的措施来应对这一问题。但我国现有的老年福利机构难以保障我国60岁以上老年人口的养老需求，现有的资源不仅与发达国家相比差距很大，而且与其他一些发展中国家相比也有一定的差距。

总体来说，我国养老服务队伍素质较低，从业人员的职业化建设还未完善，现有养老服务队伍难以与养老事业发展的客观需求相适应。我国城市和农村老年人失能和半失能的人口在不断增加，这部分老人需要专业照顾与护理，但我国养老护理员数量较少，远远达不到老年人与护理员比例3：1的要求。据统计，我国老年福利机构的职工只有20多万人，但只有2万左右的职工取得了养老护理职业资格，而且职工队伍整体素质不高，专业水平较低，业务能力有限，服务质量令人担忧，这就难以使我国老年人的护理需求得到满足。再加上养老机构、床位和专业人员的缺乏，严重制约了我国养老服务水平的提高。

（四）面临多重压力

21世纪初，我国在制定与完善社会主义市场经济体制的过程中，面临着繁重的改革和发展任务，既要保持经济和社会的可持续发展，又要保持社会的稳定，因此面临着重重矛盾，因而在解决人口老龄化问题方面存在很大的困难。我国经济增长方式正在从粗放型向集约型的趋势转变，提高抚养老人的社会能力关键在于培养高素质人口，使我国由人口数量大国向人力资源大国转变。为此，我国应全面采取政策来对高素质人才进行培养，加强对经济、社会制度的完善，促进社会服务和保障机制的完善，促进人的全面发展，统筹解决人口问题，实现人口和经济社会的和谐发展。

二、我国人口老龄化的发展趋势

（一）乡村老龄化程度高于城市和镇

老年人口的规模及其增速存在较大城乡差异，如图1–3所示。

1990年，城市和镇共有0.24亿老年人口，乡村有0.73亿老年人口；2010年，城乡老年人口规模分别增至0.78亿人和0.99亿人。1990—2010年的20年间，城乡老年人口规模的年均增长率分别为6.09%和1.55%，城市和镇的老年人口规模增长速度远高于乡村。

2020年，城市和镇共有1.43亿老年人口，乡村有1.21亿老年人口。2010—2020年的10年间，城乡老年人口规模的年均增长率分别为6.18%和2.03%，城市和镇的老年人口总数首次超过乡村，这主要是由于中国的城镇化进程在不断加速。

就比重而言，乡村老龄化程度高于城市和镇，且城乡差距呈现扩大趋势。

1990年乡村老年人口占比为8.73%，分别高出城市和镇0.15%和1.66%。

2010年乡村老年人口占比已提升至14.98%，分别高出城市和镇3.51%和2.97%。可见，城乡老年人口占比差距逐渐拉开。

2020年城市和镇的老年人口占比分别为15.54%和16.40%，而乡村老年人口占比远远高于城市和镇，达到23.81%，相当于约每4个人中就有1个老年人。

此外，2020年中国总人口的城镇化率已达到63.89%，而老年人口的城镇化率只有53.79%，二者相差了约10%，意味着农村老龄化水平已明显高于城镇。

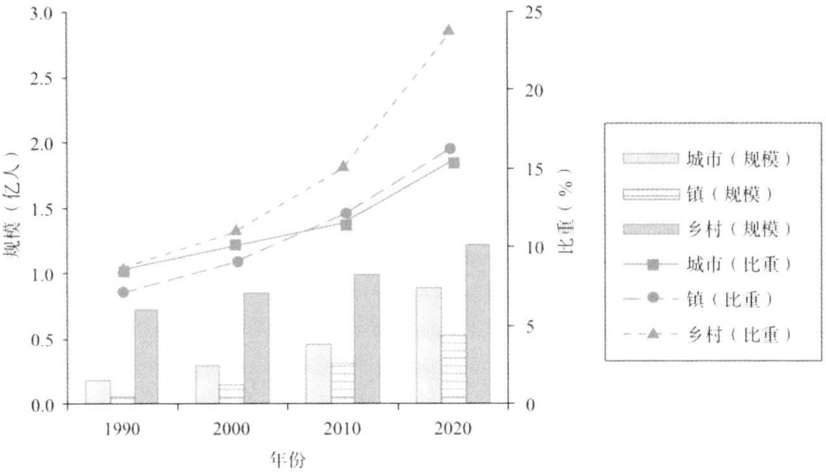

图1–3 城乡老年人口规模和比重变化趋势①

资料来源：《中国1990年人口普查资料（第二册）》《中国2000年人口普查资料（上册）》《中国2010年人口普查资料（上册）》以及《中国人口普查年鉴2020（上册）》。

（二）高龄化趋势日益凸显

2020年，80岁及以上高龄老年人口占总人口比重达到2.54%。在60岁及以上老年人口中，高龄老年人口占比在1990年为7.93%，2010年增至11.82%，2020年已达到13.56%，老年人口高龄化现象日益凸显（图1–4）。

与此同时，低龄老年人口仍占多数，但比重缓慢下降。2020年，60～69岁低龄老年人口占60岁及以上老年人口比重达到55.83%，与2010年差异不大，比2000年下降约3%，比1990年下降约6%。

高龄老年人口的绝对规模也在不断攀升，2020年已达到3580万人，超过了同时期北京和天津常住人口的总和（3576万人），其中，女性占比达

① 杨涵墨.中国人口老龄化新趋势及老年人口新特征[J].人口研究，2022，46（05）：104–116.

57.4%。相比低龄老年人，高龄老年人在生活照料和医疗服务利用方面有更高需求，且更可能面临疾病、丧偶、贫困等挑战。随着平均预期寿命的不断延长，老年人口高龄化趋势在未来也将越来越显著。

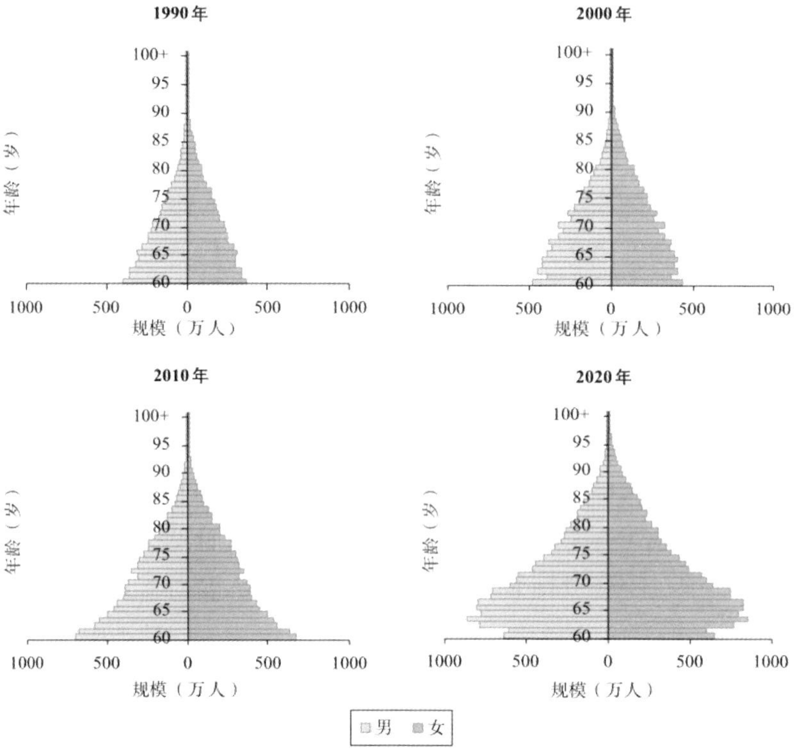

图1-4　老年人口金字塔①

资料来源：《中国1990年人口普查资料（第二册）》《中国2000年人口普查资料（上册）》《中国2010年人口普查资料（上册）》以及《中国人口普查年鉴 2020（上册）》。

① 杨涵墨.中国人口老龄化新趋势及老年人口新特征[J].人口研究，2022，46（05）：104–116.

（三）“空巢家庭”不断增多

近些年，我国的家庭结构发生了很明显的转变，即逐渐趋于小型化。这种转变也带来了一定的影响，在生活方式及价值观念、社会结构及功能、家庭内经济流动、人际关系及代际关系等方面都能够反映出这些影响，这一转变也深刻影响了我国老龄化的发展。老年人对精神生活的需求较高，一些经济发达国家的老年人自杀率较高，老年人群受各种类型精神疾病的困扰，家庭联系松散、丧偶后独居老人感到孤立无助等是造成老年人自杀率居高不下的主要原因。我国虽然老人自杀率较低，但是空巢老人在不断增加，老年人空巢化趋势越来越突出。

我国市场经济在不断发展与完善，年轻人的居住观念也在逐渐发生变化，而且年轻人有很多的机会可以远离家乡，在这些因素的影响下，子女和年迈父母一起居住的时间越来越短。在未来几十年中，这一趋势仍会持续增加。当然，子女与父母一起居住的情况也有，但大部分都是老人为子女照看幼儿或为子女操持家务，当幼儿慢慢长大后，子女对老人的需求就会逐渐下降，甚至完全不需要老人照顾，这时老人往往会返回家乡独自居住，“空巢家庭”因此而出现。有关学者认为，当这种趋势达到发达国家“空巢”情况的比率后将会保持基本的稳定。“空巢老人”在生活上得不到照料，生病期间也没人陪在身边，情感慰藉严重缺乏，应该引起高度重视。

当前，我国子女和父母分开居住的愿望在不断增强，这是我国家庭居住模式的一个显著特点或演变趋势。不仅子女要求和父母分开居住，老人也有这方面的要求。特别是子女结婚组建了自己的家庭之后，和父母一起居住的情况就变少了，一般子女婚后还和父母共同居住的都是短期性的，只是暂时为了照顾子女的孩子或者帮他们处理家务事而居住在一起。只要这些需求降低，老人常常会回到“老家”与老伴一起居住，度过余生。导致这一情况普遍出现的原因主要有以下几个方面。

第一，年轻人思想观念发生了变化，拜金主义观念较强，淡化亲情，无视孝道。

第二，老人认为子女面临着很大的工作压力和竞争压力，所以设身处地为子女考虑，不愿意打扰子女或给他们添加负担。老人在物质和金钱上会给予子女无尽的提供与帮助，但有些年轻人因为父母无法给自己提供良好的物质环境而抱怨父母。

第三，老人和子女的生活习惯、消费习惯等都有很大的差异，所以习惯不同的两代人居住在一起必然会产生矛盾。这也是老年人口单独居住比例逐渐增加的主要原因。老人独居引起的社会问题较多，如照顾问题，现在我国养老服务体系还不健全，经常会出现老人病重而没有及时送往医院治疗及送到医院后缺乏应有照顾的现象，甚至有些子女在自己的父母去世几天后也毫不知情。

图1–5　关爱空巢老人

（四）老年人口规模变动的区域差异显著

当前我国老年人口的规模和结构现状中，地区差异比较明显，相应的，规模与结构的变动情况也存在着一定的区域差异，这主要表现为原先经济社会发展水平低的地区随着发展进程的加快，老年人口也在以较快的速度增加，原来出生率相对较高，人均预期寿命随经济社会的不断发展而得到了提高，这是老年人口增加的主要原因。另外，我国社会主义市场经济在日趋完善，因而人口流动情况也越来越突出，特别是在《中共中央关于全面深化改革若干重大问题的决定》实施后，我国城乡户籍制度得到了深入的改革，城乡人口的流动也随之加剧，各地区人口流动使得地区间老年人口数量和人口老龄化水平在一定程度上得到了自发性的调整。同时，我国实施了有关的城镇化政策后，一定程度上解决了农村留守老人的问题，随着农业生产力水平的不断提高及农地流转规模化经营的日趋完善，农业部门平均利润率也有了显著的提高。

然而，整体而言，我国老年人口规模的变动受各地区众多因素的影响，还存在着明显的地区差异，且主要以城乡差异为主。以上海为例，有教授（2012）指出，在2010—2020年，仅从有上海户籍的老年人口情况来看（对外来没有户籍的老年人口流动带来的影响不作考虑），人口老龄化水平还会持续提升，而且人口高龄化水平会有阶段性的下降。导致未来几年老年人口发生这些变动的原因主要是，在我国抗日战争时期几次大的战争中，上海市人口出现了意外的变动，因而未来几年上海会出现高龄人口减少的现象。相关预测数据也对这一点做了证实：2010年之后，上海市人口高龄化系数的提高速度在慢慢降低。而且在未来10年内，生育一胎的老年人口的比例会逐渐增加是上海市面临的一个主要的老龄化问题，而且这一比例的增加速度要比经济发展相对滞后的地区更大。

从理论推演的视角来看，我国人口老龄化水平中，农村应该比城市相对较低，主要原因有两个方面：一方面是农村地区经济发展滞后，生育观念短期内难以发生大的变化；另一方面是在执行计划生育政策方面并不严格，因而与城市相比，农村的人口老龄化水平应该比较低。但是，有一个非常重要的因素常常被我们忽略，那就是我国农村人口大规模地向城市流动，这种流动主要有两类情况：第一是农村的年轻人在城市上学、工作，并重新在城市落户；二是很大一部分外出打工者选择在城市定居，这样农村的年轻人就会慢慢减少，老年人就显得比较多，这样来看，农村人口的老龄化水平就比较高了。从相关数据来看，与城市相比，农村人口的老龄化水平明显要高。这一状况还会有持续扩大的趋势。我国城镇化水平目前相对还比较低，受条件限制的影响，农村的老年人口大部分依然在农村生活，因而农村人口的老龄化问题较城市更加严重。然而，随着我国城镇化进程的进一步加快和社会条件的日趋完善，这一问题会慢慢得到缓解。

第三节　人口老龄化对社会发展的影响

一、对社会经济的影响

（一）影响劳动力的有效供给

对劳动力资源条件进行评价时，常常用到“适龄劳动人口”一词，它在世界很多国家都是通用的。适龄劳动人口比例会随着人口老龄化进程的加快而不断减少，这样劳动力的有效供给必然会受到严重制约。适龄劳动人口的数量在人口老龄化程度越深，下降幅度就越大，导致国家或地区缺少劳动力资源，以致对社会劳动生产造成直接的影响，使国家经济总量不断降低，从而制约国家经济发展和社会进步。

人口老龄化造成了适龄劳动人口比例的减少，劳动人口年龄老化的问题便因此出现。社会总体生产率、社会经济增长会因为这一问题的制约而降低或停滞不前。此外，劳动力的身体素质对社会生产率有决定性影响，劳动人口年龄老化直接表现出身体素质的下降，从而导致社会生产率受到严重影响，劳动力资源的作用也难以得到充分发挥。

（二）影响产业结构的优化

产业结构是产业内部比例关系、产业间比例关系以及产业间技术联系的重要反映。使老龄人口的特殊物质文化需求和精神生活文化需求得到满足是当前我国人口老龄化快速发展的基本要求，为了保证物质、精神各方面的供给平衡，有必要调整产业结构，促进产业结构优化升级。

从老龄人口的身心特点来看，他们对第三产业的需求更多，尤其是能够满足他们需求的各种服务，而来自第一产业和第二产业的一般消费产品对老年人来说需求并不那么强烈。所以说，人口老龄化进程的加快和程度的加深对服务业的发展有一定的带动作用，有助于促使农业剩余劳动力转向服务行业，解决剩余劳动力就业的问题，有效调整社会劳动力资源结构和三大产业结构。

在人口老龄化社会，适龄劳动人口的比例在减少，尤其是青年劳动人口，而年龄较大的劳动人口会不断增加，这对经济结构中技术结构的调整提出了一定的要求，即由以劳动密集型为主体转变为以知识技术密集型为主体，以提高劳动支出中的脑力消耗，减少体力消耗，这样的技术结构、经济结构才能适应老龄社会的发展趋势。

另外，不同年龄群体有不同的消费方式和消费习惯，因此消费结构差异显著。随着老年人口比重的增加，老年产业逐渐发展起来，第三产业范畴内的行业在老年产业体系中占了较大比重，从而带动了第三产业、老年产业的发展。可见，人口老龄化引起了社会人口结构的变化，人口结构的变化引起了消费结构的变化，进而使产业生产结构也发生了变化。

二、对社会医疗保障的影响

人口老龄化对社会医疗保障的影响很大，下面主要从医疗保障模式、医疗保障费用两方面来说明。

（一）影响医疗保障模式

传统的医疗保障模式主要是对多发病和传染性疾病的预防与治疗，以婴幼儿和劳动力人口为主要保障对象。而社会中老年病的预防与治疗在传统医疗保障模式中不是特别受重视，主要是因为传统医疗保障模式是在老年人口比重较低的社会环境中构建与形成的。而现在，人口老龄化急剧发展，社会医疗保障模式渐渐发生了变化，即将老年人作为主要保障对象之一，且非常重视老年病的防治。

一般来说，与青年人、少儿相比，老年人口的发病率高一些，尤其是在人口老龄化向人口高龄化发展的时期，因为医疗技术的发展尚无法满足需求，我国还未从根本上改变医疗技术的开发与应用模式，所以在老龄人口比重不断增加的趋势下，老年人口的发病率也呈现出不断上升的态势，这就决定现代医疗保障要适当偏重老年人口。

人类的疾病谱在过去的几十年发生了显著变化。传染疾病的治愈率正随着医疗技术水平的提高而不断提升，有些传染病经过医疗干预可以得到有效抑制，人的寿命也会延长。目前来看，威胁老年人健康的不是传染病或者急性病，而是一些慢性病。因而，老年人对保健服务的需求很大，同时预防医疗也要跟上老龄社会的发展节奏，这就要求适当调整与改进医疗模式，使之适应人口老龄化的需要。

人口老龄化过程也就是人口健康水平变化的过程，这是我们在人口老龄化背景下要求改善医疗保障模式的主要内因。人随着年龄的增长，发病率也会不断增加，所以要特别注意身心健康。老年人不仅要注意生理上的衰老期，也要关注他们社会功能的下降及社会角色的转换，这也是他们容易患病的主要原因，所以在社会医疗保障模式的优化中要予以重视。

（二）影响医疗保障费用

老年人的患病率远远高于青年人，尤其是在从老龄社会向高龄社会发展的时代，高龄人口的急剧增加对医疗保障资金的供给提出了更高的要求，加大这部分资金的投入力度是大势所趋。

近年来，我国离退休人员的医疗支出在不断增加，这些费用一般由政府及这类人群之前所在单位负担，因此人口老龄化的发展对政府与社会的承受力提出了严峻的挑战。离退休人员的医疗费用对其单位而言是很大的负担，不能及时报销医疗费用的情况很常见，这样政府的负担就更重了，仅仅依靠政府是不现实的，毕竟政府医疗保险基金是有限的，所以必须考虑另寻渠道，从其他方面来解决这一问题。

在老龄社会，随着劳动力人口年龄的增长、就业队伍规模的扩大以及人口城市化进程的加快，退休人口的增长速度将会比老年人的增长速度快，退休人口的医疗费用将会是很大的一个负担，如果不及时制定相应的对策，我国医疗保障体系的运作将会受到严重影响，进而影响社会健康、社会稳定以及社会的可持续发展。政府与社会各界对此要给予重视，有关部门应结合人口老龄化的特殊需要而改革与优化社会医疗保险制度，积极应对与解决人口老龄化给医疗保障提出的难题，更好地保障老龄人口的健康。

三、对社会教育的影响

人口老龄化对社会的影响是方方面面的，包括社会教育的发展也会受此影响，如人口老龄化既对老年教育的发展有促进作用，也能够对终身教育的发展起到积极的影响，同时还会影响教育队伍的年龄结构。下面具体说明人口老龄化如何影响社会教育的发展。

（一）老年教育

老年教育是一种特殊的教育活动，顾名思义，它是面向老年群体开展的。在人口老龄化社会，老年人口不断增加，现在，这一群体的需求已逐渐从基本的物质需求转变为更高层次的需求，如提高个人素质、提高生活质量、继续参与社会活动等，这样既有助于延年益寿，又能适应不断变化的社会环境。在一些发达国家，劳动力老龄化严重，老年人口产生了继续就业、再就业及提升劳动力素质的需求，这对促进老年教育的发展具有重要意义。所以说，老年教育在人口老龄化不断发展的今天迫切需要得到关注和重视。

老年教育在许多国家都颇受关注，老年大学的开设在一些国家也比较普遍，也有些国家将老年班设在普通大学中，或将高校办学的年龄限制取消，老年人也被纳入招生范围内。

20世纪80年代初，我国离退休人口大量增加，一些老干部和老职工离开工作岗位后一时难以适应自身角色的变化，心理出现严重的失衡感，迫切需要通过一些渠道来获得心理慰藉和精神寄托。而创办老年大学是一个很好的渠道与选择。我国第一所老年大学创办于1983年9月，地点位于山东济南，创办单位是山东省红十字会。这所老年大学创办后引起了一致好评和热烈的反响。此后，老年大学在一些大城市纷纷出现，大量退休人员进入老年大学以寻找精神寄托，获得心灵慰藉，同时也防止自己与社会生活脱轨。在当今老龄社会，老年人口大量增加，老年人的需求越来越高，创办老年大学和加强老年教育更有必要。

“老有所养、老有所医、老有所为、老有所学、老有所教、老有所乐”是我国老龄工作的基本方针和综合治理目标，其中老有所学的方针与目标就要求我国加快发展老年教育，并使老年教育与老年养老、老年医学、老年休闲等事业紧密结合，全面保障老年人的健康。

老年人通过参与老年教育活动，学习老年保健方法，不仅能使自我护理意识与能力得到提高，还能为他人提供帮助，延年益寿，促进老有所医。而且，老年人经过教育后知识越来越丰富，知识素养不断提高，这便于其更好地参与一些社会活动，获得一些收入，并提升他们的自信和生活品质，提高老年人的幸福指数。①

（二）教师队伍老龄化

社会各行业的职业群体结构也会在一定程度上受到人口老龄化的影响，其中就包括教师队伍结构。20世纪80年代，受人口老龄化及社会诸多因素的影响，我国教师队伍青黄不接，教师队伍中存在严重的老龄化问题，这一问题广受社会关注与政府重视。老龄化的教师队伍对发展教育事业肯定是不利的，对教师队伍的连续发展造成了阻碍，制约了教育信息的更新与传播，也阻碍了社会教育事业的发展。

我国师范教育近年来得到迅速发展，培养了大量的青年教师，老年教师的工作逐渐有人接替，但因为人口老龄化问题越来越严重，教育的连续性随着大批老年教师的集中退休而受到不可估量的影响。

① 张继东，闪明，索海洋.老年体育学概论[M].北京：化学工业出版社，2020.

四、对社会关系的影响

健康、养老关乎老年人，但不只是老年人自己的事，老年人与其他人的关系也涉及其中。老年人的社会关系比较复杂，其中牵扯着各种利益。随着老年人口的不断增长，越来越多的老年人需要供养，社会养老金支出大幅增加。社会财富的转移与分配是在不同社会人群之间实现的，但越来越突出的养老问题反映出这方面存在的一些矛盾。有人认为，退休老人从政府获得的养老金主要来自现在年轻在职人员创造的价值，虽然这是补偿老年人过去创造的财富，但也影响了一些人的利益。人们持有这种想法是无可厚非的，确实，现在老年人口规模庞大，适龄劳动人口较少，创造的社会财富有限，“食之者众，供养者少”的社会现实赤裸裸地摆在眼前。在职人员对社会利益分配有意见，一定程度上是与退休老人的矛盾，企业中这种情况更常见。退休老人在这个被认为不公平的利益分配中是受益方，甚至有人说他们是一个由共同利益组成的团队，或者直接用利益群体来代表这个群体。退休老人与单位、政府、他人打交道，以使自身利益、这个集体的利益得到保证。因为共同利益而形成的老年利益群体中折射出特定的老年社会关系，而且这种社会关系正在迅速发展，主要表现为老年人社会团体、老年社会组织等社会组织的大量成立。

老年人口规模庞大，这一社会群体不可忽视。他们组织而成的利益团体力量很大，不可低估。老人单独或以集体的方式维护自己的利益是没有问题的，但有时也会因为一些不公平现象而对他们与其他利益群体的关系造成影响。利益群体的矛盾事关社会稳定和国家发展，对老年利益群体与其他利益群体的社会关系进行处理是维持社会稳定的关键。要解决这个问题，必须要从全视角出发，兼顾不同的利益群体和不同的社会关系，秉承平等、公平、透明的原则积极建立一个能够被绝大多数群体共同接受的观念和制度。我们要正确对待和保护各方利益，建立和谐的人际关系，特别要保护弱势群体，维系社会稳定。

第四节　老龄化的积极应对

一、积极应对老龄化的构想

（一）加强对人口老龄化与经济社会全面、可持续发展的关系的协调

从战略对策上来讲，要建立长效机制，在我国社会经济发展计划和长远规划中纳入老龄事业这一项。在调整产业结构的过程中，应充分考虑我国人口年龄结构的变化情况和老年人口快速增长的实际情况，对老龄群体在生活照料、社会服务、社会保障等方面的需要进行全面合理的安排，使老年人在这些方面的需求得到最大限度的满足。

（二）进一步构建社会主义和谐社会，保证老年人的生活质量

我国要想全面建成小康社会，必然要求构建社会主义和谐社会，因此要将各个阶层、各方面的利益关系协调好，采取科学的途径处理好各种社会矛盾。人类历史发展的实践经验证明，不同年龄群体的代际矛盾会因为人口老龄化问题的加重而不断加剧，因而1999年的马德里会议将人类社会的一个发展目标确立为“不分年龄，人人共享的社会”，这受到了各国政府的认同，因此政府应承担相应的责任，从各方面展开相应的工作，并争取社会各界的支持，只有在全社会取得共识，和谐的老龄社会才有可能变成现实。

（三）加强社会治理

人口老龄化要如何应对，一般而言，治理是关键，在我国整个社会治理

体系中，老龄社会治理是非常关键的一环。加强老龄社会治理，具体要从以下几方面加以落实。

1.建立新机制

随着老年人的不断增加，老年群体有了越来越多的需求，需求的多样化、多层次性对社会发展提出了一定的挑战，也要求加强社会治理，建立老龄社会治理新机制。

社会治理新机制的建立具体从以下两个方面展开。

第一，老年人的社会需求表现在多个方面，具有广泛性，如健康需求、教育需求、再就业需求、住房需求、社会参与需求、社会福利与保障需求等。面对这些多种多样的现实需求，我们要量力而行、尽力而为，集中力量先解决老年人最关心的问题，满足老年人最急切的需求，然后不断完善社会公共服务体系，尽可能使老年人各方面的合理需求都得到充分满足。

第二，在人口老龄化现实环境下除了要积极应对老年人本身的问题外，还要对人口老龄化引起的老龄社会的一系列深层的、多维的变化予以关注，如社会人口结构的变化、消费结构的变化、社会利益分配的变化、社会治理结构的变化等。在社会主义现代化建设中，要牢牢把握好人口老龄化这一基本国情，在符合国情的前提下统筹规划老龄社会的治理，促进老龄社会不同领域治理机制的改革与完善。

2.构建新格局

在建立老龄社会治理新机制的同时，为更好地应对人口老龄化，还需要加强对老龄社会治理新格局的构建，从而为提高应对效果和社会治理成效提供战略支持。

在老龄社会治理新格局的建立中，有两个方面需要特别注意。

第一，了解治理短板所在，尽可能补齐短板，全方位推进各领域的治理工作。

第二，采用的治理手段与构建的治理体系要与老龄社会的现状及发展趋势相适应。

当前，各种风险与挑战已经在进入新阶段的老龄社会中逐渐显现，新阶段老龄社会的治理已被纳入国家现代化社会治理规划中，在整体规划布局下要对老龄社会治理体系加以完善，顺应老龄社会的发展要求并建立能够体现新阶段特征的社会治理新格局，使人口老龄化的社会治理之路符合中国特色社会主义建设的要求，要面向全体老年人进行公平、公正、高效的治理，从而使老年人深深感受到温暖、安全、幸福。

目前，中国式现代化是人口规模巨大的现代化，在现代化进程中，我国社会治理正面临着前所未有的复杂性与艰巨性，因此必须结合中国式现代化的特征和前景来采取有效的方式推进社会治理，特别是要解决好老龄社会治理问题，保证老年群体的幸福生活，维护好这一规模庞大的弱势群体的利益和权益。

3.深化新模式

我国正处于社会主义现代化全面建设的关键时期，在这个关键时期破解老龄社会治理中的现实性难题是非常重要的，这对推进社会主义现代化建设的顺利进行有很大的帮助。关键是要做好深化老龄社会治理新模式的工作，具体可以从以下几方面着手。

第一，我国在实施应对人口老龄化的相关战略时，需要多个部门的参与和协调，构建多部门共建共治模式显得尤为重要。对此，在老龄社会治理中不断加强统筹规划与顶层设计，使人口老龄化的相关数据在不同层级、不同部门及相关领域能得到有效流通，实现信息共享，便于多部门协同开展工作。可见，构建老龄社会治理新模式要体现综合治理、统筹规划、协同互助的时代特征和现实要求。

第二，老龄社会治理体系建设中不能忽视基层治理工作。在基层领域合理分配社会基本公共服务资源是开展基层治理工作的基础，在基层治理中切实了解老年人的需求，为其提供养老服务，真正解决好老年人生活中遇到的难题，并客观评估老龄社会基层治理工作成效，使有关部门高度重视基层工作的开展。

第三，应对人口老龄化应该从政府管理逐渐向社会治理转变，并构建多元主体共同参与的治理新模式，其中包括政府、社会、市场及老年人自身等主体。

第四，在老龄社会治理中将社会有关组织和老年人主体的作用充分发挥出来，尤其是要充分调动老年人参与的积极性，提高老年人的参与度，以提高治理成效。

我国在老龄社会治理中取得的成果和积累的经验也能够为其他发展中国家应对人口老龄化提供借鉴，通过推广成功经验，贡献中国智慧，还有助于提升中国在全球治理中的发言权，巩固综合国力，提升国际竞争力。

（四）努力实现“健康老龄化”和“积极老龄化”

21世纪，进入老龄社会的各个国家应对老龄化问题的两个重要战略是“积极老龄化”和“健康老龄化”，这两个持久性的战略无论是对于发达国家，还是对于发展中国家，都是普遍适用的。我国提出的“老有所养、老有所医、老有所为、老有所学、老有所教、老有所乐”与这两项战略较为相似，但是其内涵更为丰富。在我国，政府及有关部门还未充分认识到这两项应对战略的重要意义，因此需要加强思想与观念的转变，先从思想上对这两项战略予以认可，进而采取相应的措施尽快落实这两项战略。

二、积极应对人口老龄化的主要策略

（一）充分提供经济支持

目前来看，我国应对人口老龄化最根本的还是要发展好经济，促进我国经济实力的增强。人口老龄化的高峰将会出现在2030年，在这个高峰到来之前，我们还有时间来加快经济改革的步伐，促进产业结构的优化，加快技术创新，使经济增长方式从劳动密集型转变为技术密集型、从粗放型转变为集约型，使单位有效劳动的资本拥有量得到全方位提高，为国民经济可持续发展提供支撑。我国在优化产业结构和转变经济增长方式的同时，要特别关注老年产业的发展，尤其是第三产业，拓展老年服务，从而尽可能满足老年群体的消费需求。

近些年，我国在政府的努力下大量地建设老年公寓，创办老年大学，与老年人相关的朝阳产业也渐渐发展起来，如老年健康产业、旅游产业等，老年服务体系逐渐完善，并对老年再就业起到了一定的作用，这些都促进了社会经济发展，从物质条件上为我们应对人口老龄化的问题奠定了良好的基础。

（二）建立健全政策法规

我国正处于社会转型的关键时期，老龄化问题，尤其是一些热点问题和现实难题得到政府的紧密关注。国家要求建立健全老年相关法律法规，从法律上保障老年事业各项工作的顺利开展和应对老龄化的各项举措的有效实施，使老年人的权益得到切实保护。建立健全政策法规是我们在为应对老龄化做制度准备，使老龄化时期各项工作的开展都能有法可依，都能得到法律的支持与保护。

我国为保障老年人的利益制定了诸多政策与规定，有关于老年人退休待遇、基本生活补贴、养老保险等各方面的规定，为了使各项政策与规定得以落实并取得实效，有必要制定配套的制度来将它们法制化、规范化。

在老年政策法规的制定中，不仅要从国情出发做好顶层设计，还要结合地方实际情况来出台一些地方性的法规条例，如关于老年人口迁移、福利、社区服务等方面的一些基本规定。根据地方实际情况出台的地方性政策法规更容易落实，更能体现当地老年人的需求，维护当地老年人的合法权益。但在依法治国的背景下，我国还要将地方上的相关政策法规逐步形成全国统一的法规，依法保护全国老年人口的社会地位和合法权益。此外，建设文明健康的老龄社会也需要不断建立健全老龄政策法规，构建与完善法律法规体系，依法保护老年人口的切身利益。

（三）高度关注养老保障

作为过去的重要劳动力，老年人在国家建设与发展的历程中发挥了重要作用，他们曾经的贡献是不可磨灭的。老年人在年龄增长后劳动力渐渐退化，退休后经济来源没有保障，面临一系列的生活难题。“老有所养”的国家方针要求我们关注老年人的生活，关注养老保障。对此，有关部门要不断完善养老保险制度，不仅要改革与健全城市企事业单位退休老人的职工养老保险，还要关注农村贫困老人，保证最低生活保障制度真正发挥作用。

图1–6　养老保险

（四）保障基本医疗服务

老年人身体机能在不断退化，机体抵抗力不断下降，患病率较高，尤其是慢性病的患病率。因此，这一群体对医疗服务有很大的需求。为改善老年医疗卫生服务条件，我国应增加这方面的经费投入，并不断拓展老年医疗经费的筹集渠道，以融资的方式吸引民间资本，稳定老年医疗费用的资金来源。此外，在保障基本医疗服务方面要根据城镇和农村的不同情况进行有针对性的服务。

1.城镇老人基本医疗服务

城镇退休职工的基本医疗保险在政府的努力下不断完善，城镇居民基本医疗保险试点也面向老年人、儿童而逐步实施，就医绿色通道已在各级医院逐渐普及，医院的老年病科室也在不断建立与完善。此外，城市社区卫生服务格局和服务网络也基本形成，老年人如果患病较轻，可以在社区卫生服务部门治疗，如果患病较重，可在医院治疗，待康复期时再回到社区医院慢慢康复。

2.农村老人基本医疗服务

为满足农民看病需求，我国不断完善农村新型农村合作医疗制度，农村三级卫生网络体系初步形成，其基本特征是以县级医疗单位为指导，以乡镇卫生院为枢纽，以村合作医疗服务点为网底，这为农村老年人就医提供了极大的便利。现在，我国人口老龄化趋势不断加快，为了使老年人“看病难、看病贵”问题得到有效解决，我国还要继续优化与完善国家基本医疗保障制度和城乡相关卫生服务。

图1–7　老年医疗服务

第二章 老年人的身心特点分析

研究证明，人体生长发育在20～25岁达到成熟期，个别器官成熟的时间比较晚，成熟后机体器官逐渐趋于衰退，但刚开始时衰退的速度较缓，表现为随着年龄的增长体力不支、精力衰退、社会适应能力降低等，60岁以后机体功能下降的速度较快。衰老是人类生命过程的客观规律和自然现象，不以人的意志为转移。老年人随着年龄的增长，生理和心理都会出现明显的退行性变化，身心健康令人担忧，因此我们要高度关注老年人的健康，对其进行科学合理的健康干预，以达到使老年人延年益寿、促进社会稳定和建设健康老龄社会的目标。在老年人健康干预中，要从老年群体的身心特点和体质状况出发进行具有针对性的有效干预，尤其要加强运动干预。本章主要对老年人的身心特点、体质状况及其健康影响因素进行分析，并说明体育锻炼对老年人体质健康的促进作用。

第一节　老年人的身体特点

世界卫生组织认为，60～74岁为年轻的老人，75～89为老年人，90岁以上为长寿老人。身体各器官和组织的老化是老年人面临的主要问题，主要表现为老年人的骨骼弹性、血液供应、肌肉力量、关节韧性等的老化。

一、中枢神经系统

老年人的神经细胞数量在不断衰老，细胞中的核糖核酸的含量也在减少，导致老年人记忆力减退、反应迟钝、易疲劳。

具体来说，随着年龄的增加，老年人的大脑细胞会逐渐减少，因此老年人的脑功能会不断减弱，大脑对机体各器官和系统的调节功能不断减退。比较显在的表现为，和中青年人相比，老年人对外界的刺激反应比较迟缓，而且记忆力开始有下降的趋势，非常容易产生疲劳感，而且疲劳恢复比较缓慢。

二、心血管系统

心血管功能的退化是老年人衰老的重要表现之一，老年人心脏贮备力降低、脏器的血流量不断减少，导致血管弹性减退、动脉管壁硬化、外周阻力增加、心脏负担过重，易患心血管疾病。

老年人的心肌组织退变主要原因在于心肌纤维萎缩、心肌纤维数量减少、结缔组织增生、脂肪沉着等，这会导致老年人心肌收缩力量减弱，心脏排血量少，身体的运动负荷的适应能力下降。血管生理机能的退化则主要表现为，老年人动脉血管壁有硬化表现，血管壁的弹性降低，管腔变窄，血管中的血流阻力增大，血液循环减慢，最重要的生理指标表现为血压的升高。

三、呼吸系统

老年人的呼吸功能和摄氧量也会随着年龄的增长而不断降低，由于老年人的肺组织逐渐纤维化，肺泡壁的弹性也在逐渐降低，胸廓活动的范围和年轻时相比逐渐缩小，因而肺功能逐渐减退，并且会逐渐影响到全身的氧气供应。

四、消化系统

老年人的消化系统衰老的表现是，腹壁肌肉常常出现松弛无力的现象，由于胃肠道运动变弱，易出现慢性腹泻、慢性便秘、内脏下垂、骨质疏松、肌肉萎缩和各种老年色斑。

五、运动系统

随着年龄的增长，老年人的运动器官发生了一系列的退行性变化，具体表现为骨质疏松、椎关节僵硬、关节活动幅度缩小、韧带的弹性变差、肌肉开始逐渐萎缩、肌肉力量和弹性也在逐渐降低。

由于运动系统功能的退化，因此青壮年相比，老年人在运动期间更容易发生骨折、劳损以及颈、肩、腰、背等病症。

六、新陈代谢

由于身体各脏器功能的退化，老年人身体内部的新陈代谢过程会变得缓慢，因此也会导致机体能量的转换不畅，脂肪和糖代谢障碍更为明显和突出，体质开始变弱，容易诱发肥胖和糖尿病等疾病。

第二节　老年人的心理特点

老年人的衰老除了在身体上有直观的表现，在心理上也有隐性的表现。随着年龄的增长，人的生理和心理的变化是密切联系的，一系列生理上的退行性变化，再加上社会角色的改变，必然会引起老年人心理上的变化。所以，观察与评价老年人的体质状况时，不仅要看其生理年龄特征，还要看其心理年龄特征。

人的一生要经历不同的阶段，老年阶段属于人生历程中的最后阶段，处于这一阶段的老年人心理上出现了显著的变化。不同老年人虽然有不同的心理个性，但都遵循基本的心理发展规律，从而形成了一些共性。本节所讲的老年人的心理特点主要就是说明老年人心理上的共同变化与特征。老年人的心理特征是在诸多因素的共同影响下形成的，如身体机能衰退的影响、家庭环境的影响、社会角色变化的影响、社会支持与关注的影响等。在这一系列因素的共同作用下，老年人形成了以下基本心理特征。

一、衰老感

老年人随着机体的衰老而出现了一种自我心理状态——衰老感，这种心理状态主要反映的是老年人情绪和思想的变化。比如，有的老年人产生这样的自我感觉，“我身体不行了”“我参加不了社区活动了”等，这种心理其实是一种消极的情绪表现和心理暗示，这不仅对心理健康有害，还会使生理机能进一步衰退。再如，老龄社会中出现了这样一种家庭模式，很多老人平时独居，周末或过节的时候儿女才会回来团聚，这就是典型的“空巢老人”现象。老年人自己生活，与孤独和寂寞为伴，长此以往，就会出现不良情绪，如惆怅、厌烦、空虚等。这些消极情绪会加快机体衰老，对身心健康都有很大的危害。

人的衰老是一个循序渐进的复杂过程。衰老的速度、衰老的表现等在一定程度上会受到个体自身的影响，如个人体质、个人生活环境、个人思想等各种因素，其中个人思想产生的影响很容易被忽视，但其实个人思想对个体衰老的影响程度不亚于其他因素。一些消极思想与情绪对老年人的身心健康有严重的危害。

有些老年人即使年过花甲，但自我意识清醒，从思想上不服老、不怕老，依然追求理想，做自己感兴趣的事，不断体验生活的乐趣，有坚持锻炼的好习惯，因而身体机能退化不明显，机体适应能力依然不错，彰显出生命的活力。而那些害怕衰老、轻易向年龄妥协、唠叨抱怨、沉默不语、厌烦生活的老人衰老速度相对会快一些，甚至在中年时期就有未老先衰的征兆。所以说，健康的思想、积极的心态对老年人来说很重要。老年人要对生活充满希望，保持良好的心态与情绪，如此才有可能延年益寿，并给人充满活力、年轻依旧的感觉。

二、心智衰退

人进入老年阶段后，各生理机能逐渐衰退，各系统功能也不断退化，其中包括神经系统。老年人神经系统功能的衰退直接影响了肌肉功能，主要表现为简单反应时和选择反应时与中年时期相比明显延长，视听觉和触觉都不如之前敏锐，肌腱反射弧加长，这说明老年人大脑的物质基础在不断恶化，这直接导致老年人心智衰退，这是一种常见的老年现象，即使可以人为适当干预，但效果也是有限的。

一般来说，老年人先出现生理退化，后出现心智退化。老年人发生生理退化后，会有一些消极反应出现，如容易发脾气、多疑、固执己见、孤独感加重、安全感缺失等，老年人一时间无法适应这些改变，所以心智退化随之就会出现。可见，老年人心智衰退与生理衰退直接关联，基本上是伴随生理机能衰退出现的。

三、情感和个性的变化

老年人人生过半，经历了风风雨雨，在岁月的洗礼中逐渐形成了基本稳定的情感和个性，但随着生理上的衰退，情感和个性也发生了相应的改变，表现如下。

（一）情感的变化

关于老年人情感的变化，不同学者提出的观点有所不同。概括而言，主要观点有以下两方面。

观点一：老年人随着生理功能的衰退而产生越来越强烈的消极情感，如孤独感加剧，焦虑感增加，变得更加忧郁。

观点二：老年人随着年龄的增加，情感上的需求逐渐增加，但本质上他们的情感表现和情感体验没有变化，而且因为生活阅历丰富，所以情感不易波动，情感外在表现比中青年时期更加稳定。

（二）个性的变化

老年人因为生活环境的缘故，具有较为鲜明的个性年龄特点，独居老人更明显，以表达迟钝、孤独失落、多愁善感等为主要表现。

从老年人的心理特点来看，老年群体的心理健康尤其值得关注，我们要积极开导老年人，使其以健康积极的心态安度晚年，心理健康水平提高也有助于延年益寿。

第三节　我国老年人的体质状况分析

一、我国老年人体质状况调查

2020年，根据《中华人民共和国体育法》《国民体质监测工作规定》《“健康中国2030”规划纲要》等有关规定，我国开展了第五次国民体质监测，监测对象为3～79周岁的中国公民（7～19周岁人群除外），按年龄分为幼儿（3～6岁）、成年人（20～59岁）和老年人（60～79岁）三类人群。下面分析老年人各项指标的监测结果，从而了解我国老年人的体质状况。

（一）调查指标

第五次国民体质监测老年人各项体质指标平均数见表2–1至表2–3。

表2–1　第五次国民体质监测老年人身体形态指标平均数

性别	年龄（岁）	身体形态				
		身高（厘米）	体重（千克）	腰围（厘米）	臀围（厘米）	体脂率（%）
男	60～64	165.9	69.0	89.3	96.4	23.3
	65～69	165.4	68.1	89.3	96.3	23.3
	70～74	164.6	66.7	88.7	95.9	23.1
	75～79	164.2	65.6	88.2	95.8	23.0

续表

性别	年龄（岁）	身体形态				
		身高(厘米)	体重(千克)	腰围(厘米)	臀围(厘米)	体脂率(%)
女	60~64	155.1	60.3	85.5	95.3	32.9
	65~69	154.4	59.8	86.4	95.4	33.0
	70~74	153.4	58.9	86.8	95.3	33.0
	75~79	153.3	57.9	86.2	94.8	32.6

（数据来源《第五次国民体质监测公报》）

表2-2　第五次国民体质监测老年人身体机能指标平均数

性别	年龄（岁）	身体机能	
		肺活量（毫升）	2分钟原地高抬腿（次）
男	60~64	2509	51.8
	65~69	2342	50.7
	70~74	2124	47.4
	75~79	1960	44.2
女	60~64	1785	55.1
	65~69	1679	52.3
	70~74	1552	48.5
	75~79	1510	44.4

（数据来源《第五次国民体质监测公报》）

表2-3　第五次国民体质监测老年人身体素质指标平均数

性别	年龄（岁）	身体素质				
		握力（千克）	30秒坐站（次）	坐位体前屈（厘米）	闭眼单脚站立（秒）	选择反应时（秒）
男	60~64	36.5	12.0	2.4	11.3	0.72
	65~69	35.1	11.7	1.7	10.3	0.74
	70~74	32.2	10.9	0.7	9.5	0.78
	75~79	29.9	10.4	−0.3	8.4	0.81

续表

性别	年龄（岁）	身体素质				
		握力（千克）	30秒坐站（次）	坐位体前屈（厘米）	闭眼单脚站立（秒）	选择反应时（秒）
女	60～64	23.6	11.8	7.9	10.9	0.74
	65～69	22.8	11.3	7.1	9.9	0.78
	70～74	21.6	10.4	5.4	8.9	0.82
	75～79	21.1	9.9	3.8	8.3	0.84

（数据来源《第五次国民体质监测公报》）

（二）调查结果

本次调查结果表明，与2014年监测数据相比，2020年男性老年人的体重、腰围、臀围、坐位体前屈、闭眼单脚站立、选择反应时平均水平有所提升，变化幅度在2.1%～18.2%之间；身高、肺活量、握力平均水平有所下降，变化幅度在0.1%～2.8%之间。

与2014年监测数据相比，2020年女性老年人的体重、腰围、臀围、握力、闭眼单脚站立、选择反应时平均水平有所提升，变化幅度在0.8%～28.8%之间；身高、肺活量、坐位体前屈平均水平有所下降，变化幅度在0.1%～3.2%之间。

随着年龄的增长，老年人大部分体质指标的平均水平逐渐下降，乡村老年人的下降速度更快，逐渐拉大了城乡居民健康水平的差距。例如，60岁以后，老年人的体脂率明显下降，男性的下降幅度比女性大，相对来说，城镇老年人下降慢一些。与2014年监测相比，我国老年人超重肥胖率继续增大。2020年老年人超重率、肥胖率分别为41.7%和16.7%，较2014年分别增加了0.1%和2.8%，需引起注意。同时，低体重人群在60岁后均占有一定比例，特别是乡村老年人。低体重也存在健康风险，须倡导健康体重。

而且，老年男性的肺活量比老年女性高，城镇老年人的身体机能水平相比乡村老年人较好，城镇老年男性的心肺耐力不及城镇老年女性，乡村老年人男性和女性的心肺耐力差异不明显。

此外，城乡老年人的身体素质指标差异较为明显，城镇老年人的身体素质水平整体较高，老年男性尤其明显。

二、老年人的体质健康问题

（一）常见老年性疾病

随着年龄的增加，老年人的生理机能发生比较明显的变化，不同老年人的生理机能既有明显的变化特征，又存在个体差异。比如，组织修复与更新速度减慢、器官功能退化、免疫力和应激能力退化等，这些是比较普遍的共性特点。这些都是机体衰退和老化的常见生理表现，在这些变化的基础上，老年性疾病随之出现。下面具体分析老年人不同生理系统的病理特征，了解这些特征对老年性疾病的防治是有重要意义的。

1.神经系统

老年人的神经细胞数量有所减少，同样在减少的还有脑血流量，而且神经细胞出现结构性变化，主要表现为脂褐素聚集、神经元纤维变性、颗粒空泡变性和老年斑形成等，老年人中枢神经系统功能伴随着神经递质，尤其是多巴胺的变化而受到不好的影响，易发生神经系统疾病。

2.消化系统

人步入老年阶段后，胃黏膜有萎缩的迹象，随着减少的有主细胞、壁细胞、胃酸分泌，胃液的消化能力明显下降，胃部不再像年轻时那样可以很快排空，胃部消化慢就会影响食欲。而且，一些营养素也会因为胃酸分泌减少而不易被机体吸收，所以老年人容易营养不良，最终导致骨质疏松、缺铁性贫血等。

老年人肝脏的功能也会随机体的衰老而减弱，部分肝细胞不再具有很好的酶活性，影响了肝脏的解毒功能，而且蛋白质合成速度减慢，在体内储备较少，血浆白蛋白数量和血胆红素不断减少，对应增加的是球蛋白及纤维蛋白原。此外，老年人胆囊随胆囊壁、胆管壁厚度的增加而变小，并且不再具备较好的收缩功能，胆固醇和胆红素含量也随胆汁浓缩而增多，最后沉积到一定程度易引起胆结石。另外，老年人牙龈逐渐萎缩，牙齿慢慢松动，不易咀嚼与消化食物。

3.免疫系统

人随着年龄的增长，机体免疫力会逐渐减弱，虽然对自身抗原产生抗体能力有所增强，但对外源性抗原产生抗体能力却不断下降，所以免疫性疾病极易出现。

老年人机体抵抗力也会随免疫功能减弱而下降，随之便容易生病，容易感染，对那些患有糖尿病、肺气肿等慢性疾病的老年人来说更容易出现感染性疾病。

4.感觉系统

（1）听觉

老年人的听力也会下降，一般来说，年龄越大，听力越差，而且男性老年人听力下降的情况比女性更普遍。

（2）视觉

年龄的增长还会影响老年人的屈光能力，老花眼便是最常见的外在表现，甚至一些老年人还会出现比较严重的白内障。

（3）味觉、嗅觉

老年人的嗅觉和味觉也会随着年龄的增长而越来越不灵敏，吃饭时总感觉没味道，所以一些老年人做饭时会多放调料，偏重口味，但是调料过多的食品不利于人体健康，尤其是不利于机体正在退化的老年人的健康。一些有慢性基础病的老年人饮食上有很多忌口，如果饮食上长期重口味，不利于疾病的康复。

（4）皮肤触觉

老年人皮肤触觉的变化主要表现为对疼痛、冷热不敏感，也就是说，冷热觉、痛觉减弱，这样容易出现外伤而不自知的情况。老人还容易出现湿疹、感染真菌，主要原因是皮肤天然防护作用随年龄增长而减弱。

5.呼吸系统

老年人肺活量不及年轻时期，通气功能和换气功能也在弱化，主要生理原因是肺组织僵硬、弹性回缩力下降、脊柱萎缩、胸廓变形及生理性肺气肿等。呼吸系统的这些生理性变化也是老年人患慢性支气管炎的主要原因，有这种慢性疾病的老人呼吸负担较重。

（二）常见老年综合征

老年人因为诸多原因或疾病造成的同一类临床表现或问题的症候群就是所谓的老年综合征。下面主要分析一些常见的老年综合征，以了解老年人的体质状况。

1.跌倒

各年龄段的人都会因为一些原因而跌倒，但对老年人来说，跌倒一般是突发的，是急慢性病的非特异性表现，反映了老年人的机体在老化，身体功能在退化。有些老年人还会因为意外摔倒而造成残疾或死亡。

发生率高、反复发生以及危害性大是老年人跌倒的几个主要特点。老年人跌倒的原因是复杂多样的，往往是由于多种因素相互作用造成的，一般主要有三种类型的原因，分别是外因、内因和当事人的状态。

内因，上述几类原因中发挥主要作用的是内因，老年人的生理因素（身体功能衰退）、病理因素（老年病）是造成其跌倒的主要内因。

外因：药物因素和环境因素则是造成老年人跌倒的外因。

当事人状态：这类原因主要是指老年人跌倒时自身的状态。

老年人跌倒后会出现一些身体损伤，比较常见的是组织损伤、脑外伤、骨折等，这些损伤程度较重的会致残、致死。老年人死亡的主要原因中就包括意外跌倒。此外，老年人跌倒后造成的心理危害也不容忽视，如情感障碍、走路恐惧症、功能障碍等，这些心理危害又会引起一些其他的心理问题，从而影响心理健康。

总之，老年人频繁跌倒不仅对其身体健康有害，还会影响心理健康。跌倒后造成意外伤害的还会给家庭带来负担。现在，老年人跌倒作为常见老年综合征之一越来越受关注，它已被视为一种国家公共卫生问题。

2.压疮

在病理、生理学上，压疮又称为“压力性溃疡”，是因为局部软组织长时间一直受到较大的压力，血流动力学发生改变，致使组织缺氧、缺血、营养不良而发生变性、坏死的病理过程。

一般来说，老年人群体中的瘫痪患者、大小便失禁患者、手术后长期卧床患者是压疮的高危人群。压疮本身就会给老年人身体带来很大的痛苦，同时还会引起一些并发症，严重时甚至造成死亡，这也是死亡率较高的一种老年综合征。

3.尿失禁

尿失禁有很多种类型，如急迫性尿失禁、充盈性尿失禁、张力性尿失禁、损伤性尿失禁、神经性尿失禁、精神性尿失禁、药物性尿失禁等，其中张力性尿失禁是老年群体的常见综合征之一，造成这一病症的原因多而复杂。从生理上来看，神经内分泌功能退化、结缔组织（支持盆腔）明显变得松弛以及膀胱出口肌肉不再具有较强的收缩力等是主要发病原因。

患有尿失禁的老年人往往内心自卑，主动远离他人，不愿与人交流，长期如此容易患老年痴呆症和抑郁症。我们要主动关心这类群体，尤其要照顾好他们的饮食起居，并时常进行开导，使其保持积极的生活态度和舒畅的心情。此外，要鼓励这类群体科学锻炼，改善体质，从而减轻症状，达到延年益寿的效果。

4.老年痴呆症

老年痴呆症是常见的一种老年综合征，病因比较复杂，往往与很多因素都有关系，所以不易完全明确是什么原因造成的老年痴呆。再加上老年痴呆有很多种类型，如血管性老年痴呆、额颞叶痴呆、路易体痴呆等，所以病因就更复杂了。

老年痴呆并不是突然就有明显症状的，起病具有隐蔽性和潜在性，不易明确发病时间，60岁以上的女性是患老年痴呆症的高发人群。老年痴呆的主要症状是临记忆障碍，它在痴呆早期就出现了，具体表现为记不住事情，无法保存记忆，很难再学习新东西，一些日常生活中的事情也常常想不起来，还有社会性退缩的迹象。

患有老年痴呆的老年人动作或行为单一，机械重复，痴呆严重的连自己的家人都不认识，容易出现幻觉、虚构和错构。

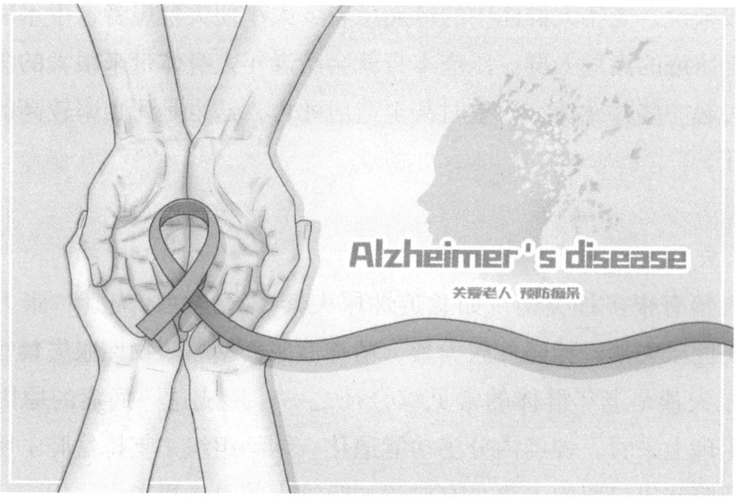

图2-1 预防老年痴呆

5.抑郁症

抑郁症属于精神疾病，也是常见老年综合征之一。近年来，老年人群体中抑郁症的发病率有上升趋势。老年抑郁症起病比较急，容易在秋季和冬季出现，有半年左右的病程，持续时间短则几年，长则常年如此。造成老年抑郁症的因素较多，如遗传、疾病、生化代谢异常、药物等，此外还有一些复杂的心理因素与社会因素。

老年抑郁症患者的主要症状是思维迟钝，躯体活动功能减退，情绪低落，易烦躁、动怒、焦虑，沉默寡言，身体不适。抑郁症早期症状不明显，但如果不及时调整和干预，严重时症状会十分明显，造成严重的身心损害，甚至引起其他社会性问题。

三、老年人综合健康评估

（一）综合健康评估的内容

老年人综合健康评估主要是对老年人的健康问题进行全面评价，如评估老年人哪些方面出现了健康问题，综合健康水平如何，处于一个怎样的健康状态，精神是否健康以及身体功能状态是否良好等。

老年人综合健康评估主要从以下几方面进行。

1.评估整体疾病状况

要全面诊断老年人的整体疾病状况，需要采集尽可能完整、详细的信息，具体包括老年人的各种病史（各种疾病的主要症状）、用药史、社会经济状况以及健康习惯等，这些完整详细的信息能够为诊断与治疗老年疾病提供重要参考依据。

2.评估认知功能

在人类大脑皮质的诸多活动中，认知属于一种高级活动，认知功能是一种高级功能。人们认识与知晓事物的过程就是认知，或者说它是人们获得和应用知识的过程，这是一个智力过程，能够将人的认知功能、认知行为反映出来。认知也是个体才智的体现，具体反映了个体适应周围环境的能力。老年人认识周围环境、识别自身状况的能力就是老年人认知功能的主要体现。老年人晚年的独立生活能力如何、生活质量如何，在很大程度上受到自身认知功能的影响。年龄较大的老人，认知功能或多或少都会出现问题，也就是认知功能障碍的问题。认知包括神经系统的一系列活动过程，如感知、注意、思考、记忆、学习等，也可以说有关脑功能的所有过程都属于认知的范畴，这是从广义上对认知的理解。广义上的认知域不止一个，认知功能障碍一般就是指多个认知域发生障碍，而不是只有某个认知域发生障碍，老年人的认知功能障碍同样是多个认知域发生了障碍。

老年人发生认知功能障碍，不能笼统地称为老年痴呆。如果认知功能障碍是轻度的，那么只是说明老年人的进行性认知功能在下降，虽然是以记忆障碍为主的，但也只是轻度障碍记忆，与老年痴呆的诊断标准还是有一定距离的。老年痴呆是获得性智能损害综合征，核心症状是认知功能受损，痴呆患者的判断力、语言能力、理解力、学习能力和记忆能力等都存在一定的认知损害，导致其社会职业功能下降，日常生活自理能力变差。

老年人认知功能障碍的影响因素有很多，年龄和遗传是比较危险的、不可逆转的因素，除此之外还有一些可预防的继发性因素，如脑中风、颅脑损伤、药物刺激、中毒、原发性情感障碍等。继发性影响因素会使老年人出现身体感官上的功能障碍，从而不易感知外界环境，难以适应环境，造成了生活障碍，也对社会适应造成了困扰。老年人要预防认知功能障碍，就要保持健康的休闲生活习惯，经常锻炼，以力量锻炼和有氧锻炼为主，同时要注意饮食，控制好血压、血糖和血脂。

老年人认知功能障碍不仅影响自己的生活，还会影响家庭和社会，表现如下。

第一，认知功能障碍的老年人记忆力衰退，不易集中注意力，思维僵化，生活质量严重降低，还会使其他一些疾病加重。

第二，老年人认知功能障碍会增加家庭的经济负担，降低家庭幸福指数，并使家人承受精神与心理负担。

第三，老年人认知功能障碍会增加社会医疗负担。

通过对老年人的认知功能进行评估，了解是否存在认知功能障碍，属于哪种认知功能障碍，异常程度如何，有哪些症状等，从而根据实际情况制订康复计划，实施康复方案，在干预过程及时通过科学有效的措施解决由认知功能障碍造成的一系列问题。

3.评估心理状态

心理状态评估主要是评估老年人的情绪状态、精神状态以及承受压力的情况等。很多老年人因为自己有慢性疾病、身体功能衰退、兴趣爱好不像年轻时那样广泛等各种原因而存在一些心理健康问题，如焦虑、抑郁、悲观等。评估老年人的心理状态，及时发现问题，并加以开导，能够帮助老年人减轻心理压力。老年人自身也要通过培养兴趣爱好、参加体育锻炼等方式来调节不良情绪，缓解压力。

4.评估经济和社会状况

老年人的健康维护与自己的经济状况及相关社会状况息息相关，这里的社会状况指的是社会支持系统、社会医疗保险报销情况等，这些与老年人的健康有直接的关系。对老年人的经济状况及社会状况进行评估，能够为老年人制定综合干预方案提供依据。

5.评估生活环境

通过评估老年患者的生活环境，并对其进行适当改造，可以防止老年人尤其是独居老人在家里发生意外状况。

6.评估生活质量

评估老年人对自己生活的满意度及其主观幸福感能够了解他们的生活质量。在主观幸福感的评估中主要从两方面进行：一是主观认知评估，二是主观情感评估。

（二）综合健康评估的方法

老年人综合健康评估的方法主要有以下几种。

1.问诊

采集老年人的病史时主要采用问诊的方式，通过问诊，对老年人的既往疾病、用药情况及当前身心状态有所了解，以便更有针对性地进行健康干预和健康管理。

2.体格检查

体格检查指的是评估者采用听诊器、血压计等工具检查老年人的身体状况，或直接用感官观察其身体情况，从而了解他们身心健康水平。

3.辅助检查

为明确诊断老年人是否患病以及患病性质和严重情况，常常要采用化验、胸片、心电图、脑电图等医疗手段进行辅助检查。

（三）运动功能评估

老年人的运动功能评估也属于综合健康评估的一部分，但鉴于其重要性以及与本书关系的密切性，特专门展开详细分析。

1.运动功能评估的内容

评估老年人的运动功能，主要从关节活动度、肌力、身体围度、疼痛敏感度、协调功能等几方面展开。下面仅对关节活动度和肌力的评估展开具体分析。

（1）评估关节活动度

一般将普通量角器作为评估关节活动度的主要工具。量角器的选择要根据所测量部位关节的大小而定。通常，长臂量角器用来对髋、膝关节进行测量，短臂量角器用来对手指或脚趾关节进行测量。

采用量角器法来测量关节活动度时，以下几点需要加以注意。

①应严格按照量角器使用方法和评估要求进行测量，量角器的固定臂要平行于关节的近端骨长轴，量角器的移动臂要平行于关节的远端骨长轴。如果评估对象患有运动功能障碍，则可以适当调整量角器的位置，但应该使它的轴心与关节运动轴保持一致。

②体位不同的情况下，关节周围软组织处于不同程度的紧张状态，因而测量结果也就不同。

③在测量某一关节时，为避免不能充分固定关节，或该关节运动时会引起其他关节的运动，需要由检查者来帮助固定测量对象的体位。

（2）评估肌力

在人体运动系统中，肌肉作为主要组成部分之一发挥着至关重要的作用，关节的运动离不开周围肌肉群的参与，对人体肌肉功能进行评估能够从一定程度上了解人的运动系统功能。评估肌力最常用的临床方法是徒手肌力检查（MMT），通过检查，可以判断被试者肌肉对抗自身体重或以骨为杠杆克服外界阻力的能力。

徒手肌力检查的具体方法是，先了解被试者的肌群功能、受损肌肉部位，然后使其保持适当的体位，向其提出动作指令，使其按要求完成一些动作，测试者施加助力或者阻力，使受试者肌肉活动范围达到最大。

肌力评估标准常采用6级评价标准，以表示受试者接受助力或对抗阻力的能力，见表2–4。

表2–4　肌力评估标准[①]

级别	标准
0级（无）	触不到肌肉收缩
1级（极差）	只能触到肌肉收缩，没有运动
2级（差）	运动能对抗重力达部分活动范围
3级（较好）	运动能对抗重力达全范围的活动
4级（良好）	运动能对抗重力和部分阻力达全范围的活动
5级（正常肌力）	运动能对抗重力和最大的阻力达全范围的活动

2.老年人运动功能障碍

（1）老年人运动功能障碍的影响因素

老年人不同程度地存在着运动功能障碍，造成这一问题的主要影响因素包括以下几个方面。

① 赵健.中老年体育健身理论与方法[M].济南：济南出版社，2007.

①年龄。骨骼、肌肉、关节是人体运动系统的三个基本组成部分，人体的基本形状和支架由这三个要素构成，它们也是人体运动的基本条件。人体运动系统功能随着年龄的增长而逐渐退化，这种退化从骨骼、肌肉和关节中都能体现出来，也就是说，年龄增长对这三个组成部分都有影响。

第一，随着年龄的不断增长，骨骼会发生钙的异常，骨的坚硬度随着钙的消耗而降低，骨的脆性因骨的丢失而增高。

第二，年龄增长对关节的影响以软骨纤维化、骨化及磨损为主要表现，因而关节活动范围缩小，骨关节病变易发生。

第二，年龄增长对肌肉的影响主要是肌肉萎缩，肌肉力量下降，这在男性老年人身上表现得更加明显，老年人的肌肉重量在人体总重量中所占的比例只有25%左右，比年轻时肌肉重量在人体体重中所占的比重（43%左右）减少了将近20%。肌肉重量的比重下降，肌肉的耗氧量也随之减少，所以肌肉容易受损和疲劳，而且需要较长的恢复时间。

②营养。老年人的运动功能也在很大程度上受到营养因素的影响，具体表现为受到营养过剩和营养不良两个方面的影响。

第一，老年人体内消化酶的分泌速度下降，分泌量减少，无论是吸收还是消化，功能都明显减弱。因而，老年人营养过剩会造成肥胖，引起高血压，并影响运动功能，给身体正常活动带来不便。

第二，营养不良的影响更大，主要表现为肌肉会因为营养不良而发生萎缩，肌肉力量不断减弱，而且会加剧钙的丢失。老年人的进食量和青年时期相比明显减少，适合摄取的食物种类范围也缩小了，如果饮食不当，容易出现营养不良，从而影响骨骼与肌肉的健康，造成运动功能障碍。

③环境。环境因素是造成老年人运动功能障碍的间接因素。老年人体质水平不断下降，对环境变化不敏感，这方面的感知能力减退，在复杂多变的环境下常常不能做出正确的判断，反应迟钝，应对不灵活，因而会间接性地造成运动功能障碍。为防止环境因素对老年人运动功能造成的不良影响，必须为其创建良好的生活环境。

④疾病。疾病因素是导致老年人发生运动功能障碍的直接因素，也是主要因素，具体包括生理疾病因素和精神疾病因素两类。

第一，生理疾病会直接造成老年人运动系统机能的生理病变，因而导致运动功能障碍的发生。

第二，精神疾病对运动功能的影响主要表现在对大脑的影响上，也就是会导致认知功能下降，如帕金森，其包含运动迟缓、平衡障碍等症状。但精神疾病不像生理疾病那样会严重损伤人体骨骼、肌肉和关节。

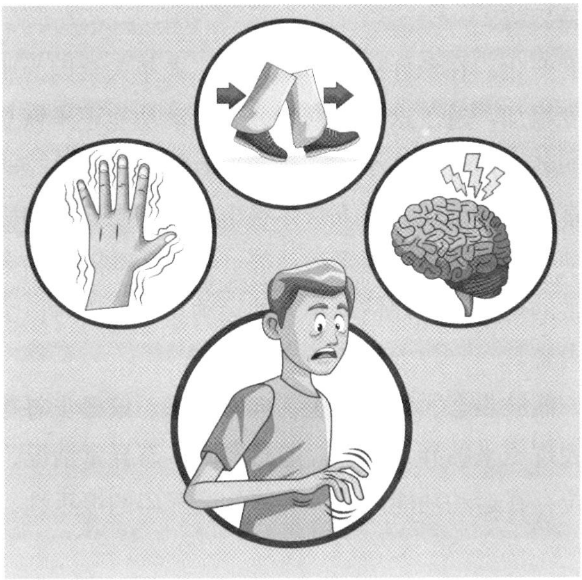

图2-2　帕金森

（2）老年人运动功能障碍的表现

老年人运动功能障碍主要有以下几种临床表现。

①关节活动度受限。存在运动功能障碍的老年人，关节具有一些病理症状，如红肿、有炎症、粘连，疼痛感增加，从而导致关节活动的范围和程度受到限制，很多动作不能正常完成。

②肌力下降。具体运动功能障碍的老年人因为关节活动受限，所以很多动作无法完成，活动时间较少，从而加快肌力下降，而随着肌力的下降，老年人的身体活动时间又更少了，这就形成了一个恶性循环，严重危害老年人的健康。

③平衡协调能力下降。老年人随着年龄的增长，身体平衡协调能力会不

断下降。人体运动功能的好坏一定程度上是由平衡功能决定的，平衡功能的下降将严重影响人体运动，主要表现为有些老年人上楼梯困难，无法持续行走一段旅程，甚至有的老年人需要借助工具或在他人的帮助下才能缓慢行走。

运动功能障碍包括协调障碍，具体表现为肌张力低下、震颤、书写障碍、协同运动障碍等。

④肢体围度变化。在急性运动障碍阶段，老年人会因为肌肉、关节炎症而导致肢体围度增加，过了这个时期后，若运动功能还未恢复正常，肢体围度会随着肌肉的萎缩而逐渐缩小。

⑤步态异常。步行活动需要人身体各个部分共同参与和协调运动才能完成，如头部运动、四肢运动、躯干运动等。存在运动障碍的老年人走路时会表现出步态异常的现象。在评估老年人的运动功能障碍时，步态也是一个非常重要的评估内容。

一般来说，假肢步态、疼痛步态、剪刀步态、偏瘫步态等都是运动功能障碍患者经常表现出来的异常步态。通过判断步态异常情况，可以了解老年人具体哪个部位存在运动功能障碍，并能知晓障碍的严重性，以便及时干预和治疗。

⑥疼痛。疼痛是人体的一种自我保护机制，具有一定的复杂性，具体指的是对真实的或可能的组织损害的身体反应及由此引起的不愉快的情感反应。老年人疼痛发生率达到50%以上，包括肌肉疼痛、骨骼疼痛等，从而严重影响日常生活和正常运动。运动障碍患者伴随着一定程度的疼痛症状，这是较为常见的一种临床表现。

⑦心理障碍。存在运动心理障碍的老年人心理上也存在障碍，以自卑、悲观、易怒、少言寡语为主要表现。

（3）老年人运动功能障碍的后果

老年人运动功能障碍的表现是多种多样的，但概括而言主要是从生理与心理上表现出来的，因而它所造成的后果也主要从生理和心理两个方面来进行分析。

①生理上的后果。老年运动功能障碍患者身体各组织系统的功能也会受到影响而逐渐弱化，各系统的活动相应减少，系统功能的恢复时间长，恢复

能力较差，从而造成了一系列问题，如肌力下降、关节活动受限以及身体抵抗力下降等，这些问题又是老年人易跌倒、易骨折以及病症加重的主要原因。

②心理上的后果。发生运动功能障碍的老年人会无法适应生活，起初对自己的这一问题缺乏认知，当了解之后又会感到震惊，不愿相信，接受这个事实之后就会陷入悲观、抑郁的情绪状态，适应期较长，这严重影响了老年人的心理健康，也影响了其社会适应，并且也使日常生活，如饮食、睡眠、人际关系等受到了巨大影响。

四、老年人体质健康的影响因素

老年人体质健康主要受到年龄、性别、遗传、心理、经济、饮食、行为方式以及环境等诸多因素的影响，下面对这几个方面的影响因素进行简要分析。

（一）年龄

社会情绪选择理论指出，那些积极正面的、积极向上的事件更容易受到老年人的关注，老年人关注这类事件，情绪易受到影响，变得更加乐观，这是老年人心理特征的一个主要倾向。然而，老年人的身体功能不断下降，存在着不同程度的慢性疾病，生理健康状况不乐观，尤其是随着年龄的增长，器官萎缩，患病率增加。可见，老年人随着年龄的增加，其健康体适能水平是不断下降的，年龄越大，下降越明显，而下降速度最快的是高龄老年人。

（二）性别

老年人的身心健康也与性别因素有关，男女本身体质就有差异，再加上工作性质、工作类型、生活观念与环境等各方面的影响，使得一些慢性疾病的发生率呈现出性别差异，有些疾病是男性老年群体患病率高，有的是女性老年群体患病率高。

（三）遗传

遗传病的发生完全由遗传因素决定，或者部分由遗传因素决定，糖尿病、高血压等常见老年慢性疾病的发生与遗传因素有很大的关系。有高血压的老年人其易患危险因素比健康老年人更多，包括其子女也是，即高血压老年人的子女易患危险因素比健康老年人的子女更多。与易患危险因素密切相关的是高血压家族遗传因素。

随着年龄的增长，老年人的听力也会不断减弱，甚至会完全丧失听力，这种老年性疾病就是老年性耳聋，其受遗传因素的影响也很大。老年性耳聋患者中，几乎有一半的比例与遗传因素有关，而且老年性耳聋的严重性也是受个体遗传因素影响的。

（四）心理

老年人随着身体机能水平的下降、患病率的提升、社会地位的改变等一系列变化，形成了老年阶段特有的心理特征，不同程度地存在着孤独、抑郁、精神衰退等心理障碍，对老年人的身心健康造成了很大的影响。存在心理障碍尤其是抑郁症状的老年人比没有临床相关抑郁症状的老年人更易发生心血管疾病。因此，为减少心理因素对健康的影响，我们要关心老年人心理健康，及时为他们排忧解难，消除不良情绪，并鼓励老年人多与他人交流，多锻炼身体，促进身心健康。

（五）经济

经济因素是老年人体质健康的外在影响因素，它既包括社会经济因素，也包括家庭经济因素。

1.社会经济的影响

社会卫生设施、社会卫生服务水平等直接由社会经济状况所决定，而社会卫生服务系统又直接关系着老年人获取医疗服务的便捷性和有效性，关系着老年人的健康维护。所以说，老年人的体质健康很大程度上受到了社会经济状况的影响。

2.家庭经济的影响

老年人的健康也受到家庭经济状况的影响。随着老年人退休收入、就业渠道的增加，再加上子女的供养、家庭经济状况不断改善、生活水平不断提高，能够为老年人健康提供强大的经济支持，尤其是能够为老年人就医提供经济支持。而且，家庭经济状况良好的老年人通常业余生活比较丰富，社会交往较多，能够满足交往需求和精神需求，因而促进了身心健康和社会适应健康。

（六）饮食

饮食结构不合理是造成慢性病的主要原因之一，有很多老年慢性疾病的发生都与饮食有关，如冠心病、高血压、糖尿病等，饮食越不合理、不健康，这些慢性病的发生率就越高。不健康的饮食主要是指老年人摄入的盐、脂肪、蛋白质等过多，日常饮食以高热量食物为主，而忽视了对微量元素、维生素的补充，从而引发了一些慢性病。

老年人合理的饮食结构应遵循以下原则：均衡热量，以谷类食物为主，丰富食物品种，但要适当控制含糖类食物的摄取量；低动物脂肪、低胆固醇、低盐，避免发胖和血脂增高；足够的蛋白质，多吃奶类、豆类及其制品，常吃鱼、蛋、瘦肉等；多吃新鲜蔬果，重视钙、铁等微量元素的摄入。

图2-3 高血压

（七）行为方式

世界卫生组织提出，人的健康长寿是由很多因素影响的，不同因素的影响程度不一样，如表2-5所示。

表2-5 健康长寿的影响因素①

影响因素	比例
行为方式	60%
遗传	15%
社会因素	10%
医疗条件	8%
气候条件	7%

① 宋子重.中国老年体育[M].北京：中国文史出版社，2007.

从表2–5来看，老年人的健康受行为方式的影响很大，积极健康的生活方式和行为方式有助于老年人健康长寿，如饮食合理、睡眠规律、社会交往积极、定期检查身体、科学运动等。相反，不良行为方式对老年人身心健康有害，如酗酒、抽烟、熬夜、缺乏运动、饮食不健康等。所以说，老年人要养成良好的行为习惯，这有助于促进健康，延年益寿。

（八）环境

环境对老年人体质健康的影响主要涉及家庭生活环境和社会环境。

1.家庭环境

老年人的居家环境、家中硬件设施、娱乐设施等对其健康会有一定的影响。有些老年人因家中杂物多或地面光滑而容易摔倒，造成严重的损伤。此外，家庭清洁情况、噪音情况、外出方便度以及环境对情绪的刺激等也对老年人的健康有重要影响。

2.社会环境

老年人所处的社会环境，尤其是社区环境也对其健康有重要影响。比如，社区是否配备了运动设施、社区邻里关系是否和谐、社区是否组织老年活动等，这些因素都直接关系着老年人的健康与生活质量。

除上述分析的几种因素外，老年人的体质健康还受到自身文化水平、婚姻状况、疾病史以及健康素养等因素的影响。总之，老年人体质健康的影响因素是多方面的，在老年人健康干预与管理中要从主要因素着手，具体问题具体分析，有针对性地解决实际问题。

第四节 体育锻炼与老年人体质健康

一、体育锻炼与老年人生理健康

（一）体育锻炼与心血管系统

体育锻炼能提高心脏功能，表现为心肌兴奋性增高，心肌收缩力加强，冠状动脉扩张，血流改善，心肌利用氧的能力提高，因而心脏的活动能力加强。另外，体育锻炼能降低血脂，减少老年人心血管疾病的发病率，还可使血压随着年龄增长而增高的趋势变慢。老年人在运动时，身体耗氧量增加，对血液循环的要求提高，在一定程度上加大了心脏的工作负荷，与此同时，心脏冠状动脉循环血量较平时增加，保证了心肌氧气及营养物质的供应。经常参加锻炼可大大推迟心血管系统的老化过程，增强心血管机能，使心肌收缩力量加强，心脏输出量增加。

运动还锻炼了血管收缩和舒张功能，加强血管壁细胞的氧供应，促进代谢酶活力，改善血液脂质代谢，降低血脂，延缓血管硬化，有助于控制老年人动脉粥样硬化发展及防治老年性高血压、冠心病，特别是进行耐力锻炼有利于老年人有氧能力的明显提高。

（二）体育锻炼与运动系统

体育锻炼是防止和治疗骨质疏松最有效的方法。经常锻炼的老年人，能够改善其骨骼的血液循环，增强骨骼的物质代谢，防止无机成分的丢失，保持或改善其与有机成分的比例，使骨的弹性、韧性增加，骨外层密质增厚，内层的松质结构均发生适应性变化，使骨质更加坚固，可承受更大负荷。这有利于增强骨骼的抗折断性、抗弯曲性、抗压拉性、抗扭转性，从而能预防老年性骨质疏松，预防老年性骨折，延缓骨骼的衰老过程。

此外，运动可改善骨骼的血液循环，增强骨骼的物质代谢，保持并提高骨的弹性和韧性，从而延缓骨细胞老化进程。有调查显示，一组长期练习太极拳的老人与同年龄对照组比较，脊柱骨质疏松发生率为36.6%和63.8%。经常运动可加强关节的坚韧性，提高关节的弹性、灵活性和协调性，对防治老年性关节炎，以及防止关节附近肌肉萎缩、韧带松弛、滑液分泌减少和关节强直等均有效。实验表明：进行12周牵拉和舞蹈练习，肩关节的韧性可提高8%。肌肉工作能力降低是衰老的重要标志之一。经常参加运动，肌纤维将变粗，坚韧有力，肌肉内能量增加，其利用率也得到提高，肌纤维的收缩性、传导性、反应性都得到改善。据报道：练习太极拳的老人肌肉工作能力下降要比不练拳的延缓10～20年。

（三）体育锻炼与神经系统

经常参加体育锻炼，能改善中枢神经系统的机能，预防大脑衰老，表现为大脑皮层神经过程的兴奋性、均衡性和灵活性提高，反应的潜伏期缩短，各种分析器的机能改善，从而保持老年人精力充沛、动作敏捷，有较高的工作效率。体育活动还能解除疲劳和精神紧张，改善睡眠。

此外，体育锻炼还可推迟全身衰老，防止老年性疾病，尤其能防止脑动脉硬化，维持大脑良好的血液供应。因脑动脉硬化症是由于血液内胆固醇含量高，从而清除沉积在血管壁上的胆固醇，有利于防止动脉血管硬化。老年人坚持体育锻炼能延缓脑动脉硬化过程，使脑动脉血中氧含量升高，改善脑细胞的氧供应，从而减轻萎缩，通过肌肉活动可以刺激和调整大脑皮层神经活动过程的强度、均衡性和灵活性，缩短潜伏期，提高机体对外界环境的适应能力，保持旺盛精力，精明果断，动作迅速、准确、有力，并能有效地提高工作能力，使人精神愉快乐观。

（四）体育锻炼与代谢功能

新陈代谢是生命活动的基本表现，身体健康有赖于新陈代谢的正常进行。新陈代谢所需的原料，即各种营养物质必须通过人体消化器官的消化吸收，才能供代谢所需。经常进行体育锻炼，体内能量消耗增多，势必加强消化系统功能，从而使胃肠蠕动加强、血液循环改善、消化液分泌增加、营养物质转化与吸收加速。

另外，运动时呼吸运动增强，膈肌活动范围加大，这对腹壁胃肠起到按摩的作用，从而促进消化吸收。体育锻炼还增大了腹肌力量，有利于维持腹部压力，对促进消化吸收也有良好的作用。可见，体育锻炼对体内的代谢有积极的促进作用。

二、体育锻炼与老年人心理健康

体育锻炼能够很好地调节老年人的心理问题，消除心理障碍，排除心理疾患，促进老年人心理健康水平的提高，提升老年人的心理稳定性。这不仅对老年人的健康有利，而且对社会稳定、社会和谐也具有促进作用。老年人科学参加体育锻炼，能够保持愉悦的心情，纾解不满情绪，获得愉快的情感与深刻的体验，提升生命活力。

老年人心理健康的促进方法非常多，但运动促进是最为经济、有效的方法之一，通过体育运动，可以使老年人的心理状态更加积极、乐观，心境更加健康，情感更加积极，精神更加饱满。老年人参与体育锻炼还能结交朋友，扩大社会交往，这对满足其心理需求也是非常有帮助的，从而能够进一步促进心理健康。

三、体育锻炼与疾病防治

随着年龄的增长，人的患病率会不断增加，常见的老年慢性疾病有高血压、糖尿病、冠心病、肩周炎、颈椎病、骨质疏松、慢性支气管炎等。老年人之所以容易发生这些疾病，主要是因为他们的身体器官功能在不断退化，系统在不断老化。虽然生老病死是自然现象，但随着人不断衰老，容易生病也是自然规律，是不可抗拒的，但有些疾病是可以预防的，衰老的速度也是可以慢一些的，这需要老年人主观的努力，最好的方法就是参加体育锻炼，通过锻炼来延缓衰老、防病治病。

下面具体从五个方面探讨体育锻炼对防治老年人疾病的作用。

（一）体育锻炼对高血压病的防治

在中老年群体中，高血压是一种多发病，高血压患者，尤其是长期有高血压病史的老年人，其心血管系统、神经系统、肾脏器官等都会受到比较严重的影响，主要表现为脑血管痉挛、肾功能退化、心力衰竭等。高血压虽然是一种常见病，但它的危害远远超过很多人的认知。

高血压的致病原因是多方面的，长期情绪激动、精神紧张是主要因素之一，有这些症状的人大脑皮层的调节功能，尤其是对心脑血管的调节功能往往是失调的。而体育锻炼恰好能够调节大脑皮层兴奋与抑制的转换，提高大脑皮层对心脑血管的调节功能。通过参加体育运动，能够扩张血管，改善血管壁代谢，增加血管壁的弹性，这样就能有效控制血压。三磷酸腺苷、组织胺等物质也能起到舒张血管和控制血压的作用，这些物质能够在人体运动中产生。

此外，老年人通过参与体育运动，情绪也能得到调节，可以使他们精神振奋，保持良好的情绪和稳定的精神状态，这样就能很好地预防高血压，有效地控制血压上升。

（二）体育锻炼对冠心病的防治作用

中老年人常见的心脏疾病中，冠心病是患病率较高的一种，它的致病原因也是多方面的，包括疾病因素，如高血压、高血脂、糖尿病、肥胖等；行为方式因素，如抽烟、酗酒、缺乏运动等。其中缺乏运动在冠心病发病原因中比较重要，从这一点来看，要预防和治疗冠心病，就要多参与运动，科学运动、规律运动、有效运动。

科学锻炼对形成冠状动脉侧支循环非常有帮助，这样冠状动脉就会比之前更粗大，冠状动脉的供血量也会增加，从而更加充分地向人体组织供应血液。此外，在体育运动中会消耗人体的能量，使脂质代谢速度加快，血脂浓度因此有所下降，同时能够增加血液中高密度脂蛋白的含量，这对体内胆固醇代谢的动态平衡具有促进作用，进而能够使动脉粥样硬化、心肌缺氧的问题得到有效的抑制和预防。

总之，在合理的范围内，冠心病的发病率与人体活动量、能量消耗量之间成反比关系，在体育运动中活动量越大，消耗的能量越多，就越不容易患病。活动量和能量消耗是因人而异的，老年人要根据自己的实际情况进行体育锻炼，要量力而行。

（三）体育锻炼对糖尿病的防治作用

老年人的常见慢性疾病中，糖尿病的发病率也是比较高的，而且随着老年人体力活动的减少、平均寿命的延长，它的发病率不断增加。体内糖代谢紊乱是导致糖尿病的直接原因。糖尿病患者因为胰腺分泌的胰岛素量绝对或相对不足，使得机体无法利用和贮存葡萄糖，因此血糖浓度升高，大量糖分通过小便排出，形成糖尿。糖尿病的治疗手段从医学上来看主要是使用胰岛素，除了这一手段外，还可以从饮食、运动两方面来预防和治疗糖尿病。

体育锻炼对防治糖尿病的功效主要体现在以下几个方面。

（1）通过体育锻炼可以有效控制体重，预防肥胖，从而起到预防和稳定糖尿病的作用。

（2）人体在运动中消耗能量，刺激肌肉利用体内的糖，能够使血糖浓度降低。

（3）肌肉在运动状态中会大量利用体内脂肪酸，从而使血脂降低，预防糖尿病。

（四）体育锻炼对神经衰弱的防治作用

老年群体中很多人易患神经衰弱症，即大脑皮层功能失调的疾病。这一疾病虽然不会直接危害生命，但也严重影响了老年人的正常生活。大脑皮层主要通过抑制、兴奋两个过程来指挥控制生理活动，如果这两个过程的平衡关系被打乱，处于失调状态，就会造成神经衰弱。这一疾病的诱发原因主要是过度进行脑力劳动、背负沉重的精神负担。神经衰弱的主要症状是头痛头晕、心情烦躁、容易发怒、睡眠质量差、眼花耳鸣等，神经衰弱还影响老年人的反应能力、记忆力和注意力。患有神经衰弱症的老年人主要受到的是精神上的折磨，心理负担很重。

针对神经衰弱这一疾病，可通过体育锻炼进行预防和治疗。人体在运动过程中，神经中枢接受肌肉本体感受器和关节本体感受器的刺激，神经系统的活动状态能够得到有效调整，神经中枢抑制与兴奋之间的平衡性得以协调和维持，神经功能活动可以得到有效改善。经常参加体育锻炼能够减轻老年人神经衰弱的症状，减轻精神压力和负担。长期坚持运动，神经衰弱的症状可能会完全消失。

（五）体育锻炼对癌症的防治作用

癌症也是老年人的常见疾病之一。癌症的发病原因有内因，也有外因，内因主要是指遗传因素、免疫因素、内分泌因素和精神因素。外因主要是指接触了外界环境中的有害物质。外因造成的癌症在老年人癌症中占有较大的比例。但有些癌症的发生是内外因共同影响的结果。

随着医学的发达和科技的进步，人们不再“谈癌色变”，很多癌症疾病经过科学的治疗和主观的努力是可以控制病情、延年益寿的。癌症的干预方式主要依靠医疗手段，此外还需要患者主观上多参加体育锻炼来控制病情。通过锻炼，能够增强神经系统功能、机体免疫功能和内分泌系统功能，从而增强人体的抵抗力，与癌症做斗争。

现在，很多癌症患者自发组织起来参加体育锻炼，社会上也出现了一些类似的自发性组织，如“癌症之家”“癌症康复俱乐部”等，很多患者表示，通过长期锻炼，有效减轻了症状，延长了寿命。可见，体育锻炼对癌症的治疗和预防非常有好处。但老年癌症患者要注意，在体育锻炼中要控制好运动强度，不能以同龄健康人的运动强度去要求自己，而要根据自己的身体情况适量运动，从而促进机体免疫力的提高。每次锻炼的强度不宜过大，关键是要长期坚持运动，积累效果，这样更有助于改善免疫机能。反之，如果运动量过大，则容易使一些免疫控制激素被分泌出来，从而对机体健康造成不良影响。

第三章　新时期老年人体育需求与供给研究

人口老龄化是全球关注的焦点，老年人各种疾病更给国家经济和社会发展造成了沉重的负担，产生了诸多不利影响。而体育锻炼作为行之有效的预防措施，为老年人带来了许多益处。与老年人日益增加的体育需求相比，我国老年人体育活动开展不够、组织管理体制不完善、活动场地严重缺乏、体育科学指导不够，因此有必要以老年人体育需求为基础，加强老年人体育供给侧改革，完善老年人体育公共服务体系，为满足老年人体育需求、提升老年人健康水平提供保障。本章重点对新时期老年人体育需求与供给展开研究，主要从新时期老年人体育消费情况、体育需求与供给情况以及供给侧改革视角下老年人体育健身服务体系的构建等几方面展开。

第一节 新时期老年人体育消费情况

一、新时期老年人体育消费的基本特征

老年人体育消费特征主要从消费动机、消费类型、消费项目、消费场地设施、消费条件以及消费态度等几方面体现出来。

（一）体育消费动机

老年人的体育消费动机主要包含保持健康、精神寄托、满足心理三个方面，下面具体展开分析。

1.保持健康

随着年龄的增长，老年人患病率不断提升，老年人群体中慢性病患者占很大的比例。对老年人而言，防治疾病、早日康复、延年益寿是最重要的，因而要将健康置于生活的首位。体育运动具有强身健体、防治疾病、延年益寿的功效，其集健身、修身、养身、娱乐于一体，是老年人保持健康和生命活力的重要手段。体育巨大的健康价值深入人心，成为老年人健康生活的一部分，因而刺激了老年体育消费的产生。以保持健康作为体育消费首要目的的老年人在老年体育消费者中占绝大多数。老年人进行体育消费，在保持健康方面具有以下意义。

第一，科学进行体育锻炼可以减缓身体器官功能的衰老速度。

第二，运动锻炼能够促进老年人身体免疫力的增强和体质状况的改善，进而延长寿命。

第三，老年人通过运动锻炼，还能克服不良情绪，保持心情愉悦，而身心健康是相互影响的，因此心情舒畅对身体健康具有重要意义。

2.精神寄托

退休老人因为社会角色与地位的变化，孤独与失落油然而生，他们需要以一种新的生活方式来作为精神依托。体育消费活动能够排解老年人的孤独感和失落感，调动老年人参加体育活动、与他人进行体育交流的积极性，从而丰富老年人的生活，实现精神寄托。

3.满足心理

通过体育消费，老年人还可以满足心理需要，实现自我价值。满足心理这一消费动机与其他消费动机相比，层次是比较高的，它是在老年人基本物质需求得到满足的基础上产生的，也反映了老年人体育消费观的变化和体育消费认知水平的提高。老年人在认可“花钱买健康”的消费观后，便会对需求性体育消费和内在的体育精神享受产生更多的需求，因而就会付诸健康投资的行动。

（二）体育消费类型

老年人参加体育活动、购买体育产品以及进行体育旅游所产生的消费都属于体育消费的范畴。老年人进行体育消费的动机与目的不是单一的，因此消费类型也是多样的，大体可以划分为以下几类。

1.实物型消费

这类消费是指老年人购买体育服装、健身用具、运动器材等各种体育相关实物的消费。

2.观赏型消费

这类消费包括老年人购买体育赛事门票、现场观看比赛的消费和购买比赛录像或视频会员、线上观看比赛的消费等。

3.指导型消费

这类消费具体包括老年人购买健身俱乐部的会员卡、教练套餐的消费，聘请私人健身指导的消费以及有偿进行健康咨询的消费等。

（三）体育消费项目

体育运动内容丰富多样，老年人比较倾向于简单的运动，如跑步、广场舞、太极拳、运动强度低的球类运动等。这些运动相对简单，体力消耗适中，适合老年人参与。老年人经常参与的体育项目也是他们习惯消费的体育项目，主要消费方式是购买运动装备或聘请专业人员指导。

（四）体育消费场地设施

老年人参加体育活动的场地主要包括社区内体育设施地带、公园、学校对外开放的体育场地、自家庭院、公共体育场馆和收取费用的体育健身场馆等。从这些场地设施来看，大部分是户外场地，免费对外开放，老年人更多地倾向于在免费或收费较少的场所进行锻炼，希望通过较少的投入也能获得良好的体育锻炼效果，因而他们的体育消费观偏向于经济实惠。

只有少数老年人选择在收费性的室内运动场馆进行锻炼，虽然很多老年人的体育消费观发生了一定的转变，但要在短时间内接受在收费的运动场馆进行体育锻炼还是比较困难的。

（五）体育消费条件

随着老年人生活水平的提高和生活观念的转变，享受和发展逐渐成为老年人生活方式中所呈现的新特征和新趋势。老年人生活方式的这一转变为老年人体育消费的发展提供了前提条件。现在，我国的社会养老保险体系正日益健全和完善，老年人的生活幸福指数不断提升，消费能力也随着退休金的增加、子女赡养能力的提高而不断提升。在这样的社会背景与条件下，老年人曾经的一些传统观念，如“重子女，轻自己”“重积累，轻消费”正慢慢发生改变，逐渐接受了花钱买健康、花钱娱乐身心的体育消费观念。甚至一些老年人的补偿性消费心理非常急切，希望把以前因为没有能力而没有实现的消费愿望尽可能补偿回来，但无论进行何种消费，身体健康是首要条件。因而，他们将体育消费作为日常生活消费的重要一部分。随着老年人体育消费需求的增加，进一步开拓体育消费市场已迫在眉睫，这不但能够使老年人的体育消费需求得到更好的满足，还能促进体育产业的发展和体育经济效益的提升。

（六）体育消费态度

老年体育消费者的消费决策、消费行为在很大程度上受到自身体育消费态度的影响。一般来说，老年人对待体育商品、消费型体育服务的心理倾向性，或者从事体育消费活动前的心理倾向性就是他们的体育消费态度。很多老年人的体育消费态度是正面积极的，他们认为，为了获得健康、满足心理需求或达到其他目的，值得进行体育消费，这是老年人消费观念的一种积极转变。但大部分老年人的体育消费水平总体上不高，虽然他们的态度是积极的，也有这方面的意愿，但有时会受到经济条件、周围环境或其他因素的影响而使得实际的消费行为受限。

二、老年人网络体育消费的基本情况及影响因素调查

在互联网时代，网上购物已经十分普遍，网上购物与传统模式相比有着不可比拟的优势，当下越来越多的老年消费者倾向于网络购物，其购买行为也就表现出一定的特征。老年群体通过网络购买体育用品不仅可以省去传统购买方式所花费的时间，而且可以货比三家，网络的特殊性也渐渐体现出其价值所在，由此网络营销变得越来越重要。但也是由于网络消费者行为形成的复杂性及网络本身的特殊性决定了网络体育用品消费者的购买行为特征。

下面具体分析老年人网购体育用品的基本情况、需求特征及影响因素。

（一）老年人网购体育用品的基本特征

网购体育用品的老年消费者的基本情况见表3-1。

表3-1 老年群体网络购买体育用品基本特征调查（n=716）

类别	选项	人数	比例（%）
性别	男	462	64.5
	女	254	35.5
熟练程度	熟练	178	24.8
	较熟练	276	38.5
	基本能够操作	164	23.0
	需要帮助完成	98	13.7
单次消费金额	300元及以下	523	73.0
	301～600元	110	15.4
	601～800元	51	7.1
	800元以上	32	4.5

通过对老年群体网络购买体育用品基本特征情况调查，我们发现716位受调查者中，男性462人，占到64.5%，女性254人，占到35.5%，男性人数高于女性。购买者操作熟练程度情况：能够熟练操作的人数为178人，占24.8%；操作较为熟练的人数为276人，占38.5%；基本能够操作的人数为164人，占23%；需要帮助完成的人数为98人，占13.7%。可见，能够独立操作网上购物的占到了86.3%。单次消费金额情况：300元及以下为523人，占73%；301～600元为110人，占15.4%；601～800元为51人，占7.1%；800元以上为32人，占4.5%。可见，单次消费金额主要集中在300元以下，所占比例远高于单次消费300元以上。

调查结果表明，老年群体中在进行网络体育用品的购买过程中，大多数熟练程度不高，有部分消费者需要亲人朋友帮助才能完成一次网购，单次消费金额偏低，老年群体单次购买的体育用品价格普遍集中在300元以下区域，相对低廉的体育用品仍然受到绝大多数老年群体的青睐。在所有受访购买者中，男性购买者人数高于女性约29%。

（二）老年人网购体育用品的需求特征

老年人网购体育用品的需求特征见表3-2。

表3-2　老年人网购体育用品的需求特征调查（n=657）

类别	人数	比例（%）
防病保健	95	14.5
社会交往	82	12.4
休闲娱乐	181	27.6
锻炼身体	206	31.3
爱好体育	93	14.2

根据调查结果显示，对于网络购买体育用品仅满足锻炼身体的人数为206人，占31.3%；有防病保健需求的人数为95人，占14.5%；以休闲娱乐为目的的人数为181人，占到27.6%；爱好体育和社会交往的人数略低。五个测量维度排名依次为：锻炼身体、休闲娱乐、防病保健、社会交往、爱好体育。可见，锻炼身体和休闲娱乐是老年消费者最为明显的需求特征。

调查结果表明，购买者有较强的基本运动需求，更倾向于满足基本运动健身需要，有一定的社会交往和个性化需求。在老龄化与互联网趋势下，越来越多的老年消费者运用网络购买体育用品。网上购物的互动性让供应商更加充分地了解以及更好地满足消费者的个性化需求，消费者有将自己的消费感受与感兴趣者进行分享的需求，他们可以随意地与其他同好者交流消费心得，大大提高了消费者之间的互动性。

（三）老年人网购体育用品的影响因素

消费者网络购买体育用品时，许多影响因素对个体的购买行为产生影响，包括个人因素、家庭因素和社会因素等。

1.个人因素

个人因素往往会对个体的购买行为产生重要影响，所以必须对影响消费者购买行为的个人因素进行分析和研究，以便有针对性地采取相应营销对策，诱导和刺激消费者购买动机和行为。下面具体分析老年人个人因素对其网购体育用品的影响。

（1）老年群体网络购买体育用品与其文化程度、月收入水平、运动参与度成正比（表3–3）。

表3-3 个人基本因素影响情况调查（n=657）

类别	选项	人数	比例（%）
文化程度	专科及以下	383	58.3
	本科	242	36.8
	研究生及以上	32	4.9
月收入	1000～2999元	104	15.8
	3000～4999元	201	30.6
	5000元及以上	352	53.6
运动参与度	1次/周	122	18.6
	3次/周	217	33.0
	3次以上/周	318	48.4

根据调查显示，由于老年群体文化程度普遍较低，参与购买者集中在专科及以下的人数达到383人，占58.3%。月收入在1001～2999元的人数为104人，占15.8%；在3000～4999元的有201人，占30.6%；5000元及以上的人数是352人，占53.6%。对体育参与度的调查显示，参与购买的群体中，有122人每周参与1次体育运动，占18.6%，217人每周参与3次，占33%，318人达到每周3次以上，占48.4%。由此可见，月收入和体育参与度越高，越容易形成购买行为，与网购体育用品人数成正比关系。

（2）质量导向、价格导向和习惯品牌忠诚导向是老年消费者的主要行为风格（表3–4）。

表3-4　个人行为风格影响因素调查（n=657）

行为风格	人数	比例（%）
质量导向	181	27.5
价格导向	141	21.5
从众导向	85	12.9
习惯品牌忠诚导向	158	24.0
时尚流行导向	92	14.1

根据对个人行为风格的调查显示，属于质量导向行为风格的人数为181人，占27.5%；价格导向的有141人，占21.5%；从众导向的有85人，占12.9%；习惯品牌忠诚导向的158人，占24%；时尚流行导向的有92人，占14.1%。可见，质量导向、价格导向及习惯品牌忠诚导向是老年消费者的主要行为风格。质量导向表现最为显著，习惯品牌忠诚导向和价格导向表现较为显著。

2.家庭因素

从家庭因素方面看，老年消费者通常不是家庭这个集体，而是家庭中的某一成员或某几个成员。不同的家庭成员对购买商品具有不同的实际影响力。在一般家庭做出购买行为的过程中，我们通常可以发现家庭成员扮演着五种主要角色：提议者，促使家庭其他成员对商品发生兴趣的人；影响者，提供商品信息和购买建议，影响挑选商品或服务的人；行为者，有权单独或与家庭其他成员一起做出买与不买决定的人；购买者，购买商品的人；使用者，使用所购商品或服务的人。作为家庭成员中的行为者，在与其他成员互动的过程中所受到的影响因素可直接或者间接影响购物行为，显得尤为重要。下面具体分析老年人家庭因素对其网购体育用品的影响。

（1）家庭成员文化程度、运动参与度与老年人的购买行为成正比（表3-5）。

表3-5　家庭成员文化程度与运动参与调查（n=657）

角色 类别		儿女	女婿/媳妇	配偶
文化程度	高中及以下	52	83	252
	人数/比例（%）	7.9	12.6	38.3
	专科	164	176	327
	人数/比例（%）	25	26.8	49.8
	本科及以上	441	398	78
	人数/比例（%）	67.1	60.6	11.9
参与运动次数	不参加	64	77	42
	人数/比例（%）	9.7	13.6	6.4
	1次/周	133	97	126
	人数/比例（%）	20.2	16.3	19.2
	2次/周	194	222	179
	人数/比例（%）	29.5	32.3	27.2
	3次及以上/周	266	261	310
	人数/比例（%）	40.5	37.7	47.2

根据对购买者儿女的文化程度调查显示，在高中及以下的人数为52人，只占7.9%；专科文凭的人数为164人，占25%；本科及以上的人数为441人，占到67.1%，超过半数以上。对购买者女婿/媳妇文化程度调查显示，高中及以下的人数为83人，占12.6%；专科文凭的人数为176人，占26.8%；本科及以上的人数为398人，占到60.6%，超过半数以上。对购买者配偶的文化程度调查显示，高中及以下的人数为252人，占38.3%；专科文凭的人数为327人，占49.8%；本科及以上的人数为78人，占到11.9%。由此可以看出，由于老年群体学历普遍不高，购买者配偶文化程度主要集中在专科层面。而家庭其他成员文化程度与老年消费者购买行为成正比。

从运动参与度调查显示，购买者儿女每周参加3次体育运动的人数266人，占40.5%；不参加的人数为64人，占9.7%。女婿/媳妇每周参加3次体育运动的人数261人，占37.7%；不参加的人数为77人，占13.6%。配偶每周3次及以上的人数是310人，占47.2%；不参加的人数仅为42人，占6.4%。由此可见，购买者的家庭成员参与体育运动的次数越多，频率越高，越容易促进老年人形成购买。

（2）家庭收入支配自由度与购买人数成正比（表3-6）。

表3-6　家庭收入支配自由度调查（n=657）

类别	人数	比例（%）
完全自由支配	366	55.7
偶尔可自由支配	171	26.0
经同意可自由支配	120	18.3

根据对家庭收入支配自由度调查显示，购买者中，完全能自由支配家庭收入的人数为366人，占到了55.7%；偶尔能自由支配的有171人，占26%；需要经过同意才能支配的人数有120人，只占18.3%。可见，老年消费者可自由支配收入是影响他们做出行为的重要因素。购买者对家庭收入自由支配程度越高，越容易根据自己的意愿做出购买行为。

3.社会因素

从社会因素方面看，人的社会属性决定了作为社会成员之一的每一个消费者都要生活在一定的社会环境中，并与其他社会成员、群体和组织发生直接或间接的联系。社会体育运动的发展也不是孤立的，始终受到政治、经济、文化的深刻影响，与整个社会的体育态度及价值观念密不可分。

我国群众的健身意识，包括体育场地设施以及整个社会对待体育的态度与观念等与发达国家相比仍存在一定的差距，这些都影响到群众参与社会体育的积极性，也必然会对网络体育用品的购买行为造成影响。社会体育运动的良好开展必然会刺激社会体育消费，进而促进体育经济的快速发展。因此，只有从社会环境与消费者相互关系的角度进行研究，才能科学地解释复杂多样的体育消费心理与行为现象，并为体育消费行为的预测和引导提供切实可行的依据。下面具体分析社会因素对老年人网购体育用品的影响。

（1）地区政治、经济、文化发展水平制约网络体育用品购买行为，购买行为与当地体育场地设施的完善程度成正比（表3-7）。

表3-7　网购体育用品人群的分布与场地设施情况调查（n=657）

类别	选项	人数	比例（%）
购买人群分布	西部偏远地区	124	23.9
	中部内陆地区	189	28.8
	东部沿海地区	344	52.4
场地设施	不能满足需求	86	13.1
	基本满足需求	115	17.5
	能较好地满足需求	209	31.8
	完全能满足需求	247	37.6

由调查数据我们可以得知，以云南、贵州为代表的西部偏远地区，购买人数为124人，占23.9%；以山西、安徽、河南为代表的中部内陆地区，购买人数为189人，占28.8%，比西部偏远地区高出约5%；以上海、广东为代表的东部沿海地区，购买人数为344人，占到52.4%，高出西部偏远地区约29%，比中部内陆地区高出约26%。中部和东部两区域总购买人数达到533人，占到全部人数的80.6%。可见，老年购买者主要来源于政治、经济、文化相对较发达的东部沿海地区，表现最为显著；来源于中部地区的购买人数表现较为显著；西部偏远地区政治、经济、文化发展相对滞后，购买人数也相对较少。

调查数据显示，对于场地设施，表示能较好和完全满足需求的人数达到209人和247人，分别占到总人数的31.8%和37.6%，两项共计456人，占到69.4%。可见，体育场地设施满足运动需求的程度是影响老年消费者网络购买体育用品的重要因素。

（2）大众传媒与群众体育开展状况对购买行为产生较大影响（表3-8）。

表3-8　购买者受大众传媒、群众体育开展情况影响的情况调查（n=657）

	选项	人数	比例（%）
受大众传媒影响	不会	94	14.3
	会受一些	171	26.0
	影响较大	246	37.4
	非常强烈	146	22.2
当地群众体育开展状况	不好	87	13.2
	一般	128	19.5
	良好	209	31.8
	非常好	233	35.5

根据受大众传媒影响的调查数据我们得知，受访者中仅有94人认为不会受到影响，占14.3%；表示影响非常强烈的人数为146人，占22.2%，可见，购买者会受到大众传媒因素的影响且影响较大，但不会非常强烈。通过对当地群众体育开展状况调查发现，仅有87人认为当地群众体育开展状况不好，占13.2%；表示开展情况非常好的人数为233人，占到了35.5%。由此可见，群众体育开展情况与老年购买者人数相关，且成正比关系。老年群体参与体育的态度越积极，参与体育运动的频率和程度越高，越容易带动体育用品网络消费市场，从而促进消费者购买行为的形成。

综上分析，可以得出以下结论。

第一，老年群体体育参与是购买行为形成的基础。根据研究结果可以看出，积极稳定的体育态度和合理正确的体育价值观念是促使老年群体参加社会体育活动的重要因素。因此，积极主动地参与社会体育活动是老年群体网络购买体育用品的基础。

第二，个人月收入的高低与网络体育用品购买行为率成正比关系。老年消费者的经济情况从根本上决定了他要购买和消费的体育用品范围、次数和档次，从而影响他的购买行为和购买行为。个人月收入越高，越容易形成体育用品的网络购买行为。

第三，质量导向、习惯品牌忠诚导向和价格导向是老年体育用品消费者的三种主要行为风格。

第四，老年消费者家庭成员的文化程度、体育参与度以及购买者对家庭收入支配的自由度是影响他们在网络购买体育用品的重要因素，这些因素显得举足轻重。

第五，社会因素从根本上制约着体育用品消费市场的发展方向、规模、速度与水平。而影响大众参与网络体育用品消费行为的社会学因素则主要有社会经济、政治、文化的发展水平以及大众生活方式、价值观念和体育态度，包括群众参与健身的体育场地设施和设备水平。

第六，网络体育用品市场的发展需要以社会文明进程的推进为基础。社会越文明，社会成员的体育态度和体育价值观念就越科学。科学的体育价值观念和态度是指导群众参与体育运动，并使之产生合理体育用品消费的基本原则。经过研究结果与分析我们可以看出，网络体育用品的消费人数与社会政治、经济、文化发展水平成正比，与社会体育的发展程度成正比，越发达的地区，人们越重视参与体育健身活动，越容易促成体育用品的网络购买行为，产生体育消费。

第七，体育场地设施的完善程度直接制约着人民群众参与体育健身活动的可能性和积极性。体育的场地与设施是开展体育活动的基础条件，也是衡量群众体育发展的一个重要指标。完善的体育场地设施可吸引更多的群众参与全民健身，并促进体育用品市场的繁荣和发展，进而扩大体育消费。

第八，大众传媒是社会符号体系创造和运转的主要平台，在引导消费者网络体育用品购买行为上起着较大作用。大众传媒以消费主义为桥梁，通过倡导生活品质、品味情趣等途径，赋予体育品牌象征性的社会意义，进而培养体育用品消费群体，成为体育消费主义的主要工具，对消费者网购体育用品的行为产生较大促进作用。

第二节 新时期老年人体育需求研究

一、新时期老年人体育需求的特点

随着老年人体育观念和健康观念的不断变化，其体育需求在新时期呈现出新的特征，主要从以下几个方面体现出来。

（一）体育目的需求多元

体育运动具有增强体质、愉悦身心、陶冶情操、促进社会交往以及自我实现等多重功能和价值。这些功能与老年人的体育参与动机是比较契合的。老年人参加体育运动的目的以强身健体、娱乐休闲为主，主要原因是老年人机体功能在不断下降，体质越来越差，抵抗力远不及从前，所以希望通过参与体育运动来提升抵抗力、防病治病，并且通过这一健康的生活方式来调节生活节奏，获得愉悦的心理体验。

除了强身健体和休闲娱乐的目的外，老年人还比较重视社会交往、自我实现的体育目的。老年人退休后，社会关系发生了一定的变化，一时间难以适应，希望通过体育运动来扩大交往，建立新的人际关系，紧跟社会发展步伐，努力适应社会环境的变化，并在体育锻炼过程中实现自我价值。

强身健体和娱乐休闲是常规的体育参与目的，社会交往和自我实现是层次较高的体育参与目的，这说明老年人的体育需求较多，需求层次也在不断提升。

（二）体育场地设施需求集中

本章第一节已提到，社区、公园、广场、公共体育场所等是老年人最常使用的体育活动场所，收费型运动场馆在老年人运动场地自主选择中排在后面。在体育器材设施方面，老年人倾向于选择数量充足、操作简单、适合他们锻炼而且安全性高的体育器材。可见，老年人往往会从自己的身心特点、经济条件、运动需要出发选择体育场地与器材设施，而且他们在这方面的需求是相对集中的。

（三）体育技术指导需求增加

有的老年人喜欢独自参加体育活动，有的则喜欢参加团体性的体育活动。一般来说，体育目的需求强烈的老年人相对更倾向于有组织的体育活动，并且希望在组织性的体育活动中获得专业人员的指导。随着老年人体育运动观念的不断提升和健康需求的日益增强，他们对体育技术指导的需求越来越多且强烈。

鉴于老年人体育需求的这一特点，社区应多组织一些老年体育活动，鼓励老年人积极参与，并邀请专业社会指导员为老年人提供技术指导或开具运动处方，提高老年人体育锻炼的科学性和实效性，使老年人通过参与有组织、有指导的体育锻炼活动而达到强身健体、休闲娱乐、实现自我等目的。

（四）体育权利需求不足

参加体育活动是自己的事，与政府无关，这是很多老年人普遍存在的思想。在司法系统运行的实践中也发现，老年人在个人体育权利受到损害时并没有依法维护自己的合法权益，这说明老年人体育权利需求不足，主要原因是缺乏这方面的认知，不了解体育权利。

对于老年人体育权利需求不足、体育权利认知水平不高的问题，政府应该多普及这方面的法律常识，加强立法宣传，提高老年人保护自己体育权利的意识，刺激体育权利需求。

（五）体育信息需求较为集中

体育信息传播能够促进老年人体育生活的丰富，使老年人从传播的信息中获取对自己体育锻炼具有指导价值的信息，或者能够使自己获得快乐、受到鼓舞的信息，从而满足其体育指导需求、体育娱乐休闲需求等。老年人体育信息需求较为集中主要体现在以下两个方面。

第一，对体育信息传播内容的需求较为集中。老年人比较关注体育健身类和新闻类的传播内容。

第二，对体育信息传播途径的需求较为集中。老年人习惯通过看电视、听广播、看报纸以及上网等途径来获取体育信息。

二、新时期老年人体育需求的影响因素

影响老年人体育需求的因素包括主体因素和外部因素两类，各类中又包含不同的具体因素，分析如下。

（一）主体因素

1.身体因素

老年人生理功能发生退行性变化，一些慢性疾病长期困扰着他们，因而他们在体育运动中不能像年轻人一样可以比较随意地选择运动场地、运动项目、运动时间，甚至体育消费也受到了限制。

身体健康问题越严重的老年人，选择体育运动场地、时间、项目的限制性越大，离家太远、环境嘈杂的场地不适合选择，对身体素质要求较高的运动项目不适合他们参与，运动时间稍长一些也可能引起不适反应，因此他们可自由支配的空间很小。

2.经济因素

对人类而言，体育本身就是一种满足较高层次需求的存在，它不像食物、衣服一样是满足生存需求的必需品，而是建立在一定经济基础之上，用以增进人类健康、丰富人类生活以及提升人类生活质量的内容与形式。既然

体育依托一定的经济基础产生与发展，那么体育的发展水平就必然会受到经济因素的影响。

老年人参加体育运动往往是在基本生存需求得到满足的基础上进行的，因此说老年人是否具有体育需求、体育需求程度如何，与其物质生活是否得到满足和满足程度有关，进一步而言，也就是与经济因素有关，这里的经济因素既包括老年人自己的经济条件，也包括国家经济水平。老年人自身经济水平属于主体因素，国家经济水平因素属于外部因素。当老年人经济水平不高时，他们的日常消费主要是生活用品消费和医疗消费，服务型消费很少，因而体育消费需求较少。

（二）外部因素

1.政策因素

随着全民健身运动的普及推广和健康中国战略的全面推进，与全民健身、健康的一系列政策应运而生，各种各样的全民健身运动在社会上如火如荼地开展着。在国家政策的支持下，适合老年人参与的体育活动，如太极拳、广场舞及丰富多彩的民族传统体育活动得到了大力扶持，还有一些与老年人群体特征相符、能够满足老年人体育需求的老年体育赛事也得以开发、举办，从而使老年人的体育需求得到了很大程度的满足，对老年人体育事业的发展起到了重要的推动作用。

2.体育设施因素

体育设施包括户外体育场地、室内体育场馆以及各种体育器材、体育设备等一系列体育物质载体。体育设施需求是众多体育需求中最基本的需求，只有具备良好的体育设施条件，才能为老年人参与各种体育活动提供物质基础保障。

近年来，我国群众体育事业发展良好，体育基础设施建设备受重视，体育设施条件不断改善，极大地满足了老年人参与体育活动的物质需求。但也有一些地区因为经济条件落后而导致体育设施建设滞后于城市，尤其是农村地区，体育设施条件与城市相比存在明显的差距，从而影响了农村老年人体育需求的满足。而且，当地区经济发展不足以为老年人提供充足的体育场地设施时，老年人的体育需求尤其是体育消费需求便不易产生或需求不强烈。

3.气候因素

由于老年人多在户外参加体育活动，因而很容易受到外界环境尤其是气候因素的影响，这样就不能保证老年人的运动时间和锻炼效果。尤其是老年人身体抵抗力差、恢复缓慢，因而当气候条件不佳时，尽可能不去参加户外锻炼。气候因素使老年人的体育运动时间需求受到很大的影响，制约了老年人对自己运动时间的支配，因此建议有经济条件的老年人在户外气候条件较差时去室内运动场馆锻炼。如果经济条件不允许，也不必勉强，可以在室内进行小范围的活动。

第三节　新时期老年人体育供给研究

一、新时期老年人体育供给的现状

（一）供给主体单一，社会供给力量薄弱

我国体育公共服务模式的特点是单核供给，主要表现为政府是单一的供给主体，政府提供大部分的体育公共服务，而由社会直接供给或由市场供给的体育公共服务非常少。体育公共服务行为以政府行为或政府的延伸行为为主，大部分体育资源都由政府包揽分配。在体育行政部门的主导下，一些自上而下成立起来的老年人体育组织逐渐出现，但组织内缺乏专业人才，因而对政府产生了很强的依赖，社会体育组织的服务功能与潜力无法充分发挥出来。单核供给的体育公共服务模式存在服务供给不均衡、产品供给单一以及

关于培训、指导的服务供给严重匮乏，还存在供给效率不高、资源配置缺乏合理性等问题，从而导致老年人的体育需求无法得到充分满足。

（二）体育设施供给无法满足需求

前面已提到，虽然近年来我国大力建设体育场地设施，扩大体育设施规模，提高体育设施质量和服务水平，但因为老年人的体育需求量大，体育需求层次不断提高，体育需求类型也多种多样，因而现有体育设施供给尚不能完全满足老年人的需求。而且，我国仍有很多地区体育设施建设比较落后，尤其是中西部经济较为落后的地区，体育设施数量少，现有设施资源闲置浪费，得不到充分利用，导致体育物质供给与老年人的体育物质需求不匹配，严重影响了老年人体育锻炼的积极性。

（三）体育信息供给与老年人需求不匹配

老年人体育信息需求较为集中，主要体现在体育信息传播内容与途径上。但当前老年人体育信息传播内容与途径与老年人的需求并不匹配，针对老年人的体育信息服务有待健全与完善。

具体而言，在体育信息传播内容方面，对老年人而言，体育健身类信息、体育新闻等对其更有意义。但当前体育信息传播内容存在娱乐化与低俗化倾向，尤其在新媒体体育传播领域更是如此，严重忽视了体育信息传播的知识性、教育性等深层次的属性。此外，体育信息传播内容还存在同质化问题。门户网站的体育频道，栏目设置分类类似，缺少定位和个性，内容相似和冲突现象大量存在，在信息的利用上追求“短、平、快”的时效性，却忽视了内容的广度。这些都说明体育信息传播内容与老年人对实用性体育信息的需求存在一定的差距，匹配度不高，尚不能满足老年人的需求。

在体育信息传播途径方面，新媒体的快速发展和信息技术的广泛应用为体育信息传播提供了广泛的渠道。如今，新媒体已经成为体育信息传播的主要载体，推动了体育信息的快速传播，促进了体育行业的快速发展。体育信息的新媒体传播途径主要是利用手机媒介、门户网站来传播体育信息。手机借助无线网络的大范围覆盖，为体育信息的传播提供了重要的渠道，让人们不受时间和空间的限制，随时随地接收体育信息、观看体育赛事。门户网站也为体育信息传播提供了便利。但体育信息的新媒体传播途径更适合年轻人，很多老年人偏向于通过看电视、听广播、看报纸来接收体育信息。当然，现在老年人几乎人人都有手机，也经常在手机上看新闻，但如果在没有人指导的情况下，老年人难以在众多的手机App中找到自己需要的信息。而且现在很多体育信息利用微信公众号推广，老年人查找公众号并不敏感，不易第一时间获取重要信息。此外，门户网站上的信息在浏览时不可避免地会出现一些有害链接，容易误导老年人。

（四）体育政策供给分散

我国很多地方缺少专门的老年人体育公共服务政策，这类政策零散分布于体育局、老龄办、民政局等多个部门的文件之中。在相关政策文件中对于老年人体育所提到比较多的一点是老年人对使用体育场馆的优惠政策，而对于体育培训指导等“软服务”缺少数据性的硬说明。政府组织工作通常依靠政府文件和上级命令执行，但地方相关政策中缺少强制性评价指标，且执行没有明显政绩时，执行者往往没有开展服务管理工作的动力。

在我国现有管理体制下，缺少政策性指引的老年人体育公共服务难以获得更高的关注度和实现高质量的发展，这会导致老年人体育需求面临边缘化的风险。

二、基于老年人体育需求的体育供给侧改革

（一）体育设施供给侧改革

1.供给主体多元化，增加体育设施数量，促进供给精准化

在老龄化背景下，为了使老年体育事业得到进一步发展，首先要对传统

老年体供给方式加以改革，即由政府主导型供给转变为市场主导型供给，但市场供给要在政府的宏观引导下进行。现阶段，老年人的体育需求越来越多元化，传统的政府供给方式已难以使老年人的体育需求得到满足，因而要吸引社会力量参与供给，尤其是动员社会力量共同完善公共体育设施服务体系。政府要大力动员企业为公共体育投资，为这类企业提供优惠的经济政策，财政部门也可视具体情况给予补贴，促使经营型体育场馆的价格更加亲民，从而使老年人在现有经济条件下可以进入馆内参与体育活动。大型体育场馆在市场化运营中要加强科学管理，提高场馆运营质量和服务水平，适当面向老年群体制定一些优惠政策。

在追求供给主体多元化的同时，也要增加适合老年人使用的公共体育设施的数量，如以老年人的身心特点为依据对健身器材加以设计，改造小区空地，增加体育设施供给量。在新小区建设的规划阶段，适当考虑对老年人娱乐活动中心的建设，包括文化娱乐中心和体育娱乐中心。在老小区改造中，提高对现有体育场地和器材的利用率，提高场地设施的利用率，便于老年人参加对场地要求不高的运动项目，如羽毛球、广场舞、太极拳等。此外，可以将地方学校的体育设施资源充分利用起来，教育系统为对外开放体育设施的学校补贴部分资金，使学校有资金条件去改造、维护和更新对外开放的体育设施，保障学校公共体育设施对外开放的可持续性。

精准化的体育设施供给需要借助网络平台来实现。互联网技术的发展为精准化供给体育设施提供了良好的条件。依托互联网技术构建便民体育设施供给与服务网络平台，通过该平台，老年人方便和有关部门直接沟通，使有关部门对老年人的体育需求有真实的了解，并根据他们的实际需求做出相应的决策，提高老年体育设施供给的精准度。利用这一平台，还能向老年人普及体育健身知识和技能，为老年人科学健身提供指导，提高老年人体育锻炼的积极性与科学性。

2.丰富供给内容

老年人的体育需求是丰富多样的，其中包括体育内容需求的丰富性，因此要促进老年人体育项目的不断丰富，加强对各类体育资源的整合，对适宜老年人参与的民间体育运动项目进行挖掘与开发，这类项目应该具有健身性强、运动负荷适中、操作简便、休闲娱乐等特征。比如，对适合老年人参与的一些民族传统体育项目进行挖掘，根据老年人的身体特点和体质状况适当进行项目改造，从而使老年人在民族传统体育运动锻炼中有更多的选择。再如，气排球运动对场地设施条件没有太高的要求，简便易行，运动强度适中，也符合老年人的身体特点，因而可将该项目引入社区，调动老年人参与的积极性。此外，近年来流行的广场舞也是老年人热衷参与的体育运动，可邀请专业舞蹈教师编排适合老年人参与的、具有医疗保健功效的广场舞，这样既能丰富老年人的生活，又能起到良好的医疗保健功效。

3.优化资源配置，促进有效供给

一般来说，城市的可利用土地资源比较稀缺，越靠近城市中心，越是如此，而且城市人口密度大，老龄化进程不断加快，规模较大的老年人口对体育设施的需求量非常大，因此对城市公共体育设施的合理分配与利用显得非常重要。为提高公共体育设施的利用率，要定期维护与保养公共体育设施，使现有资源得到持久的利用。另外，要定期统计城市闲置空地，根据老年人的体育需要优化改造这部分土地资源，在条件允许的情况下将其打造成为老年人文体娱乐中心或公共体育空间，为老年人参与体育锻炼提供便利。在城市中心地区，土地资源稀缺，人口密度大且老龄化严重，对公共体育设施的供给需求量大，所以更需要合理地利用公共体育设施资源。对现有的公共体育场地设施定期保养和维护，以便延长使用年限。

城市边缘地区的体育场馆平时客流量较少，资源浪费比较严重，因此可以考虑采取分时段收费制，对工作日的来客降低收费，这样可以吸引退休老年人工作日前来锻炼身体，这样既提高了场馆内资源的利用率，也缓解了周末扎堆锻炼的现象，从而为老年人提供便利。

乡镇地区也要充分开发老年体育设施，满足老年人的体育锻炼需要。对此，需要对乡镇闲置的空地进行统计，根据老年人的意见和建议进行升级改造，将闲置的空地改造为社区体育场地，供老年人进行体育活动。在新农村建设中，对居民用地进行科学规划，合理规划体育设施场地建设，可以方便乡镇居民进行日常锻炼。同时，也要鼓励乡镇中小学对外开放校园体育场地设施，加强学校与社区的联系。

（二）体育用品业供给侧改革

1.政策方面

政府应大力扶植处于成长期的体育用品生产企业，提供优惠政策，具体可从以下几个方面予以优惠。

（1）税收

根据财政部、国家税务总局的有关文件精神实行以下税收优惠。

第一，对从事中老年体育产品生产的新成立企业实行减免税收。

第二，利润偏低的体育用品企业可享受照顾性税率。

第三，对提供老龄体育服务的机构免征营业税。

（2）信贷

银行对从事中老年体育产品生产和体育服务的企业放宽贷款条件，给予低息照顾。

（3）公益事业

政府多关注从事老年体育用品生产企业的成长和发展，积极协调企业的经济效益关系与社会效益关系，尤其是追求利润的经营原则与为老年人提供体育用品和服务的社会公益性原则，鼓励企业乐于向老年体育用品市场投资，开发老年体育产品，满足老年人体育用品需求和健康需求。

2.市场营销方面

在市场营销方面，老年人体育用品业的供给侧改革主要可以采取以下几种策略。

（1）广告

广告是产业市场营销的重要策略之一。在广告策划与设计中，要将老年人的社会存在价值作为主题，对老年人的自尊予以维护。老年体育用品业的消费者主要是中老年人，针对这类消费者设计的广告应该具有劝说性、提示性和介绍性，而不是过分夸大产品的功能，或者炫耀产品的外在价值。在广告策划中还要把握老年人的心理需求，将老年人视为社会上的一个重要群体与市场消费者开发对象，切实推出能够改善老年人健康的产品，同时，广告要流露出对老年人的关爱，要有真情实感。

（2）口碑与品牌

老年体育用品业在实施口碑营销战略时，要积极动员对品牌满意的老年消费者。老年人喜好分享自己用得好的产品，尤其是具有健康效果的产品，因而可以形成一定的舆论导向，有助于拓展产品市场，吸引更多的老年消费者。对此，可通过动员回头客来提升产品的口碑，既可以提升产品的知名度，扩大消费市场，也能满足更多老年人的体育产品需求。

（3）市场开发

老年体育用品生产企业要处处站在老年人的利益上为其考虑，对老年人的群体行为予以重视，在产品营销中要打感情牌，用真情实感来打动老年人。企业可通过举办公益性展览活动、新媒体宣传以及免费服务等方式将本企业为老年人服务的愿望和宗旨展示给社会公众。在展览活动、媒体宣传中，可以将为老年人设计的产品作为展览与宣传的主要对象。在推销这类产品时，要多换位思考，从老年人的角度进行宣传，明确说明老年人使用该产品后会有哪些实实在在的好处，在宣传中要多与老年人沟通交流，或赠送小礼品，以赢得老年人的信任。

此外，老年体育产品很多时候也是子女买来孝敬老人的，因此在市场开发中不仅要考虑老年人的特点与需求，还要适当抓住年轻人的心理与偏好，并在市场营销中加强情感营销，特别是亲情。尤其是在相关节日期间，如父亲节、母亲节、春节、中秋节等，主打亲情品牌产品，吸引年轻人购买送给父母。企业也可根据需要设计一些青年人和老年人都适用的体育产品，这样就能抓住老年人追求实惠、实用的消费心理，使其愿意购买能够“一举多得”的产品。

（4）销售渠道和服务

在销售渠道方面，可设立中老年体育用品专卖店，店铺的设计要迎合中老年人的需求，尽可能适应他们的心理特点。店铺设施要人性化，安排一个休息的空间。对顾客要细致周到地提供服务，对行动不便的老年人，可在取得联系、经过同意后上门提供服务。

此外，老年人体育用品生产与销售企业应主要采用直销渠道，即零阶流通销售策略，这样可以将中间环节缩短，使产品的流通成本降低，也有助于节省中间费用。有时根据企业经营需要，也可采取分销渠道作为产品流动的辅助渠道，但分销渠道设置二三级即可，不宜过多，否则会增加流动成本。

（5）企业联合和协作

老年人体育用品市场十分广阔，现在还有很大一部分尚待开发，一些实力较强的体育用品生产企业可考虑开发老年人体育用品市场，在开发过程中可加强与其他企业、行业协会或体育用品品牌、零售经营企业的合作，从而共同开发老年人体育用品，协调制定老年人体育用品的标准，拓宽销售渠道，促进老年人体育用品市场的拓展。

（6）拓宽消费途径

消费市场的形成是建立在切实可行的消费途径的基础上的。在全民健身和健康中国战略背景下，老年体育用品企业应利用相关政策促进老年体育用品消费途径的不断拓展，积极参与以全民健身或健康中国为主题的相关活动，对本企业的产品进行宣传，使更多的老年人了解本企业的产品，引导其消费，满足其需求。

3.人力资源方面

在人力资源方面，利用老年人力资源开发老年体育用品市场。

（1）组建老年体育营销团队

随着全民健身的不断发展，老年人的健康意识不断提高，越来越多的老年人通过体育锻炼来强身健体，部分老年人从切身健康利益出发对老年体育产业有较为深刻的认识。一部分老年人文化素质较高，可将自己的工作经验迁移应用到体育产业的经营和管理中，提高经济效益和工作效益。体育用品企业应为老年人创造再就业的条件和合作机会，挑选热心体育事业、具有体育才能、身体状况较好的老年人组成特殊的体育营销团队，使其在企业市场开发中发挥特殊作用，实现人尽其才。

（2）注重培养人才

人力资源是推动一个产业发展的主导因素，任何产业的发展都需要多渠道地吸纳和培养优秀人才，提升企业人员素质，全面实施人才发展战略。现实中，真正既懂经济又懂中老年体育用品市场开发的人力资源是有限的，老年体育用品经营人才短缺、管理水平低的现状对老年体育用品产业的发展造成了严重的制约，也严重影响了老年体育用品的顺利供给。所以，企业要尽快根据老年人对体育用品的现实需求及体育用品市场发展的需要来培养老年体育经济管理人才。①

为提高人才培养效果，企业应与老年大学展开合作，共同开辟一条从人才培养到再就业的绿色通道，此外，还可引进外来高水平经营管理人才，适当采取高薪聘请、创造良好工作环境的措施使外来优秀人才为本土中老年体育用品业的发展做出贡献。

（三）体育公共服务供给侧改革

1.协调供给主体，完善供给体系

当前，我国老年人体育公共服务供给的主要问题在于供给数量不足，质量不高，公共投入短缺，而且分配不合理。只依靠政府加大各方面的资源投入难以解决这些问题，因此要转变政府部门在老年人体育公共服务供给中的角色，从管理者角色向服务者和监督者的角色转变，这一转变也意味着政府部门从权力中心变为服务中心，其他供给主体也参与到服务中。

为提高老年人体育公共服务资源的供给效率，需要引入市场化机制，尤其是竞争机制，优化配置体育公共服务资源。老年人体育公共服务属于公益性质，因此利用市场化手段解决供给不足的问题缺乏一定的动力，因此还需要将政府监督与市场主导融合起来，二者取长补短，促进老年人体育公共服务效率的提升。

2.优化供给结构，促进供给均等化

政府随着角色的转变，要充分发挥服务职能，实现基础公共服务均等化，作为社会公民的老年群体有权享有公共服务均等化。均等化指的是老年人获得体育公共服务的机会是均等的，而不是获得体育公共服务的数量是相

---

① 王健壮.城市社区老年人体育需求和公共体育设施供给矛盾研究[D].牡丹江师范学院，2022.

同的。机会均等是老年人体育公共服务供给均等化的核心。在基础公共服务均等化的条件下，每名老年人都能公平地获得大致均等的基本体育公共服务及相关益处。

老年人体育公共服务供给的均等化还体现在区域之间的均等化上，要根据各区域人群的实际需求，因地制宜地进行体育设施建设，大力支持自发性老年人体育组织。对于稳定、活跃的老年人自发性体育组织，应该适当给予运动场地、培训教练等支持。对于积极宣传和组织体育活动的老年体育爱好者，要通过树典型、建模范的方式让其起到示范带领作用，在各区由点带面逐渐形成各区有中心、各地有组织的良好局面。

3.促进服务供给精准化

对老年人的体育公共服务供给，不能只停留在增加供给数量上，还要考虑老年人的主观感受，提高供给效果。增加供给数量、提高供给质量固然重要，但也要考虑通过这些是否真正解决了老年人的体育实质需求问题，是否满足了老年人健身娱乐休闲的需要。当前，面对老年人体育服务需求数量不断增加、层次不断提升的现状，依靠资源投入的粗放式供给模式难以适应老年人体育公共服务体系建设的新要求，老年人体育公共服务要从“大水漫灌”向“小水滴灌”转变，真正聚焦老年人口，提高体育公共服务的精准性，满足老年人的真实需求。①

为促进老年人体育公共服务供给的精准度，应完善老年人体育需求反馈机制，并利用大数据技术进行精准的、匹配的服务。

（1）完善需求反馈机制

完善老年人体育需求反馈机制，使老年人的体育需求能够真正得到反馈，这样才能聚焦老年人的真正需求，根据各地老年人的不同需求提供精准的、区域化的体育公共服务。要完善老年人体育需求反馈机制，就要发挥基层老年人体育组织的作用，利用该组织来传达老年人的真实需要。

① 尹飞腾.大连市老年人体育公共服务供给效能提升研究[D].辽宁师范大学，2022.

（2）利用大数据技术

大数据技术能够促进老年人体育公共服务供需对接的精准化。在“互联网＋体育”背景下，建立适老化版本的APP和小程序，方便老年人使用体育课程，学习体育知识理论。构建基于大数据的老年人体育公共服务供给互动服务模式，以实时、互动的信息沟通为前提，以大数据平台为支撑，实现老年人体育公共服务需求信息和体育公共服务供给资源的整合与共享，为促进供给与需求的对接提供精准化的匹配路径。

4.完善评估机制

评估是提高供给质量的重要参考标准。通过建立老年人体育公共服务评估机制，实施客观准确的评估，能够为老年人体育公共服务管理与调整提供重要依据。

在老年人体育公共服务评估中一般主要采用以下三种方式。

（1）政府评估

由政府部门分析研究自身对体育公共服务政策的制定、解读、执行及结果，思考是否满足老龄权益保障有关规定，是否遵循以人为本的理念，在执行过程中是否公平公正，执行效果是否达到预期目标等。

（2）老年人评估

作为老年人体育公共服务供给的客体，老年人是体育公共服务的最终使用者，对体育公共服务的结果最具有发言权。政府部门对体育场地、器械进行适老化改造时，也要注意服务的适老化、便老化、益老化。

（3）第三方评估

第三方评估一般是指由利益不相关的评估机构进行评估，使评估过程不牵扯个人利益，评估结果更客观。

以上评估方式中，要以老年人评估为主，他们是老年人体育公共服务的供给对象，是体育服务需求的主体，自身感受直接反映了老年人体育公共服务的供给效果。

三、供给侧改革视角下老年人体育健身服务体系构建

（一）政府支持

要构建一个科学、健康的老年人体育健身服务体系，离不开政府的大力支持，政府对老年人体育健身服务体系的支持主要体现在政策的制定与实施等方面。在新的时代背景下，在全民健身运动快速发展的今天，政府对老年人体育健身服务体系的政策支持应着重加强以下三个方面的建设。

1.资金支持的政策设计

当前，资金短缺成为制约和影响我国老年人参加体育健身的关键问题，资金投入不足会在很大程度上影响我国老年人体育健身服务的政策实施力度，同时也制约和影响着我国《全民健身计划纲要》的实施与开展，因此我国政府相关部门必须要在有限资金使用等方面借助政策手段加以设计，合理解决老年人体育健身的资金支持问题。

（1）优先支持原则

改革开放几十年来，虽然我国的经济水平上了一个明显的台阶，但在西部地区，由于社会发展基础以及受地域自然条件等限制，与东部发达地区相比差距较大，致使老年人体育健身服务政策力度大打折扣，按照《全民健身条例》规定的服务指标相差甚远，更谈不上发展老年群体健身服务政策。因此，按照中央政府、省级政府、（市）县级政府等级别将调拨的用于全民健身专项资金统筹规划、采取对口优先支持的原则，同时各级地方政府对社会所融专项资金要依照统一原则严格实施，制定专用于老年群体健身服务的资金管理、使用、监督机制，确保资金及时到位。

（2）社会效益原则

自《全民健身条例》颁布与实施以来，我国逐渐加大了对全民健身的资金投入力度，但总体来看，这与全民健身的现实需求还有一定的差距。目前，我国早已进入老龄化社会，老年人口急剧增加，所以用于老年群体健身服务所需资金就不可能得到及时的满足，加之当前要构建和谐社会，面对诸

多现实矛盾，政府必须注重老年人群体的体育健身服务，加强对其的资金支持，要本着社会效益的原则，尽可能让大多数老年人享受到各种体育健身服务，使资金投入使用产生的社会效益最大化。

2.制度支持的政策设计

制度支持是确保老年人体育健身活动顺利开展的保障，因此建立一个科学有效的老年人健身服务政策非常重要。稳定实施的坚强后盾，各种配套制度对老年群体健身服务政策通行具有不可估量的社会作用，符合民众利益的服务政策体现了老年群体健身服务的性质和方向，体现了政府、社会及个人之间相互支持与协调的局面，同时也明确了各自所负的责任，它能有效地保证老年群众体育健身权利的实现，积极推动我国体育事业的繁荣发展。当前，应认真研究政府职能部门合作、调整机构设置、加强公众参与、提供健身技术服务、引入社会评价机制等问题，制定和完善老年群体健身服务配套的体育政策，为老年群体健身提供政策依据，将其以法规的形式规定下来。政府充分利用地位优势，如开放公共体育场所、场馆设施等公共性物质服务，惠及老年群体，首先，在健身场所方面应由政府科学布局、出资改建，适当支付相关费用；其次，积极与社会相关体育机构协作提供老年健身所需的物质服务（如成立健身技能培训指导班、宣传、组织老年群体参与健身活动，并采取相关服务措施），运用制度手段固定下来，使之常效化。政府在力所能及的条件下，对老年健身服务项目给予积极援助，对于一些健身活动所引起的超费用支出，则由政府采取补贴形式引导、鼓励老年群体积极加入健身队伍，在精神层面对老年群体健身服务的关怀和照顾也必须渗透于政策的制定中，如定期由政府组织承办具有较大影响的老年群体运动会，大会的内容以现代老年健身项目为主，体现老年群众相互协作、积极进取的乐观精神，突出时代的主题元素；统一制定比赛奖励措施，制定奖励范围和奖励形式，对于此类活动所需经费由政府专项支出，把这种形式的活动制度化、常态化，并作为地方政府职能考核的指标评定，同时要制定配套的社会监督机制，以确保老年健身服务政策实施效果。[①]

3.财税优惠的政策设计

制定财税优惠政策支持老年群体健身服务事业是政府构建和谐社会的职能体现。制定财税优惠政策可以从以下几个方面进行。

第一，政府部门要根据老年人健身实际建立一定的专项资金政策，这是一个非常重要的举措，是老年群体享受健身文化政策的体现，调整和完善现行财税政策也是对国务院关于进一步完善文化经济政策的若干规定的贯彻和执行。

第二，为确保全民健身活动的顺利开展，政府相继建立健全各种有利于全民健身的专项资金制度，包括城市、农村、各级学校健身场地开放补助资金以及体育场地开放优惠补贴资金等专项资金制度，在此基础上政府可以针对老年群体健身服务需要采取更多可行性政策，如对非公有制经济机构组织征收财税实施减免等优惠政策，并设计各种形式的奖励和宣传，各尽所能来捐赠和赞助老年群体健身服务所需的资源。

第三，充分发挥社会经营性体育健身组织的资源优势，借用他们充足的人力、物力资源，通过宣传动员帮助老年群体健身服务，在利用过程中应加大财税优惠力度，以此获得更多的援助与合作，并完善体育健身援助机制。

第四，政府部门还应建立一个科学有效的老年人体育健身服务协调机制，全面协调和整合各类社会体育健身资源，着重从财税优惠政策入手，逐步提高老年人健身服务的质量，尽量满足广大老年人体育健身的各种需求。

（二）社区关爱

1.满足老年人健身需求的社区支持体系

在城市中，社区是老年人日常生活与参加体育健身的主要场所，社区已成为老年人参加健身的重要基础保障，因此有必要建立一个满足老年人健身

① 陈磊.我国老年群体健身服务的政策支持研究[J].西安体育学院学报，2011（05）.

需求的社区支持体系。一般来说，老年人参与体育健身的社区支持主要包括健康支持、安全支持、精神支持、社区服务支持、社区参与支持等内容，以上这些都为老年人参加体育健身提供了一个健康、安全的社会支持性环境，老年人可以全身心地参加各种体育健身活动，以增强自己的体质。鉴于此，可以从以上几个方面来构建老年人体育健身的社区支持体系。

2.建立老年人社区体育健身系统的策略

（1）加强社区老年体育的组织与宣传

一般来说，政府在老年人参与体育健身的过程中起着重要的主导作用，而社区作为基层单位应重视老年人的健身工作，制定一系列有利于老年人健身的相关政策，建立一个老年体协组织，吸收能力较强的老年人充实体协组织队伍，以保证老年人健身活动的顺利开展。社区部门可以根据具体实际建立一个社区体育服务中心，定期组织老年人参加各种体育活动，社区可以利用各种手段加强老年人的健身宣传工作，鼓励老年人多参加社区体育活动。除此之外，社区相关部门还应加大对社区体育场地、器材等的投资力度，加强社区体育基础设施建设，为老年人健身营造一个良好的环境与氛围。

（2）加大社区体育场地和设施的建设

一般来说，老年人体育健身具有就近、分散的特点，因此政府相关部门要加大对社区内及周边体育设施的建设，完善规范体育场地与设施的标准，尤其要加大老年人活动中心、社区公园、社区广场等非营利性体育设施的建设，增加老年人常用的健身器材，以满足老年人健身的需求。对于一些改造与建设比较困难的社区，可以整合社区内及周边单位和学校的体育场地和设施，提高体育资源的综合利用率，为老年人健身提供充足的条件。

（3）丰富社区老年体育活动的项目

根据老年人的身心特点，开发一些趣味性较强、方便老年人沟通的健身项目，以吸引更多的老年人参加。对于身体素质一般的老年人，可以发展散步、健美操等中低强度的有氧体育运动项目，对于智障或者老年痴呆病患者，可以开展一些益智类体育活动项目，多种多样的体育活动项目，能在很大程度上满足不同老年人的健身需求。除此之外，还可以根据部分经济条件较好的老年人，加强老年人体育产品的开发，满足这一部分老年人的高端需求。

（4）加强社区老年人体育活动的指导与服务

老年人在参加体育健身的过程中，常因动作不当或缺乏一定的运动常识而发生一些运动安全问题，因此在社区中配备一些专业的体育指导员是非常有必要的。在这样的形势下，要加强体育指导员的培养与培训，不仅要提高体育指导员的专业技能，而且还要通过举办体育知识讲座或竞赛的形式对老年人进行体育知识和基本技能的教育，从而科学地指导老年人参加体育健身。当社区体育教育资源有限时，可与社区周边的院校体育工作者、学生等志愿群体合作，利用院校的体育专业人才优势，为社区老年体育活动及培训服务，从而发挥各自优势，实现教育资源共享（图3-1）。[①]除了发展院校专业体育志愿者以外，还可以充分利用社区低龄老年志愿者，发动低龄老年体育积极分子为高龄老年人服务，以弥补社区体育指导员的不足。

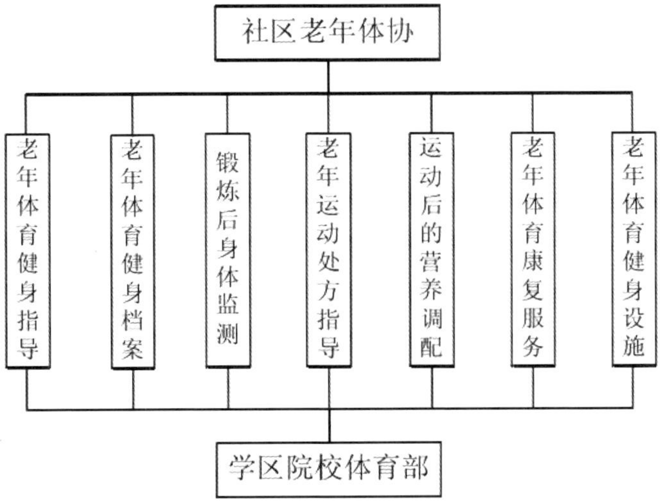

图3-1　社区老年体协

① 李小云.面向原居安老的城市老年友好社区规划策略研究[D].华南理工大学，2012.

（三）公益组织帮扶

1.体育指导体系

要想提高老年人体育健身的科学性和有效性，就必须要建立一个完善的老年人健身体育指导体系。这能够解决老年人日常体育健身锻炼中遇到的各种问题，为老年人体育健身提供必要的指导。

（1）健身理论指导

健身理论指导是指在老年人健身活动中，对老年人进行健身目标、健身常识和心理等方面的指导，使老年人树立正确的健身观念和意识。

①健身目标指导。根据老年人健身价值取向的不同，一般情况下老年人的健身目标可以分为强身健体、预防疾病、融入社会、沟通交流等几个。总体而言，老年人参加体育健身活动的主要目标应当是培养科学健康的生活方式。老年人要把这一理念充分贯穿在整个健身过程中。

②普及老年人健身知识。老年人参与体育锻炼的主要目的就是增强自己的体质，保持身体机能水平，但体育锻炼必须要科学和有效，防止运动伤病的发生。因此，老年人必须要了解和掌握体育健身的基本知识，包括体育生理卫生知识、运动营养知识、运动损伤知识等。这就需要加强老年人体育健身知识的指导。

③老年人体育健身心理指导。随着老年人年龄的不断增长，老年人的生理机能会逐渐退化，也会产生一定的心理问题。老年人会时常感到衰老感，衰老感能引起老年人情绪上的急剧变化，会在一定程度上滋长空虚、惆怅等不良的情感，若不能正确对待，会促进衰老的加剧。因此，对老年人进行健身指导，也要注意心理方面的指导，不断加强老年人心理问题方面的研究，及时消除老年人存在的各种心理障碍，指导老年人正确对待身体机能和生理功能的下降，及时调整自己的心态，保持积极乐观的情绪。

（2）健身实践指导

老年人可以结合自身的具体实际选择合理的健身内容，如一些趣味性较强的轻器械运动，如压腿器、扭腰器等，也可以选择太极拳、太极剑、木兰扇等。但不论选择哪种健身内容，都应坚持循序渐进的原则进行锻炼，不能急于求成。

总体而言，对老年人进行健身指导主要包括以下四个方面。

第一，一般来说，老年人参加体育健身最低强度的锻炼时间应是15～20分钟，当然，根据个人体质运动强度有所不同。

第二，老年人在参加健身时可以通过观测心率的变化来了解自己的运动量，并以此制订一个科学的体育健身计划，保证身体锻炼的科学性和有效性。

第三，老年人最好每周锻炼3～4次，间隔时间不能超过3天。老年人可以根据自己的身体水平确定练习频度。

第四，老年人在参加健身的过程中不能盲目追求运动的量，应根据自身的具体实际合理选择运动量。另外，运动量也要循序渐进，不能突然过大或过小，安排的运动量要适中，整个健身节奏要掌握在自己手中，争取获得最佳的健身效果。

2.人力资源体系

人力资源体系主要包括社会体育指导员、社会体育工作人员及社区体育志愿者三个部分。社会体育指导员是老年人健身知识的传播者和指导者，为老年人参加体育健身提供必要的技术支持；社会体育工作人员主要为老年人健身提供一定的管理服务；社区体育志愿者是自愿服务的组织群体，也是老年人健身体系的重要人力资源。

（1）社会体育指导员

社会体育指导员是指从事运动技能传授、锻炼指导和组织管理的一类服务人员，加强社会体育指导员队伍建设对促进老年人科学健身具有重要的作用。

①社会体育指导员的引进。各地区相关部门要按照当地区的社区人口比例配备一定的社会体育指导员，加大经费投入，做好社会体育指导员的招聘引进工作，确保社会体育指导员的利益得到保护，对于工作中表现优秀的社会体育指导员应给予一定的物质奖励和精神鼓励，以吸引更多的社会体育指导员参与其中。

②社会体育指导员的培训。一般来说，社会体育指导员的培训工作主要包括：鉴别健康状况、评定身体机能水平、确定运动负荷、指导健身动作、记录健身计划的进展、处理紧急情况等。通过对社会体育指导员的培训能提高其工作能力，激发其参与老年人健身工作的积极性，提高其服务水平，从

而为参加老年人健身指导工作奠定良好的基础。

（2）社会体育工作人员

社会体育工作人员的主要职责是管理老年人的日常健身活动。要保证老年人健身活动的有序进行，社会体育工作人员要不断提高自己的组织管理能力，集中时间进行健身理论与实践的培训。对在日常工作中表现突出的，应当予以表扬和鼓励，在管理过程中发现的各种问题要及时解决。

（3）社区体育志愿者

社区体育志愿者是指在社区体育活动中为推进社区体育发展而不以换取报酬为目的提供自己劳动和时间的一类人群。社区体育志愿者是老年人健身必不可少的人力资源补充，能有效地推动老年人健身体系的发展。

目前我国体育志愿服务大多集中在大型赛事或活动上，专门针对社区老年体育健身的志愿服务却很少，这种情况亟须改变。为此，相关部门要不断拓宽志愿者的引入渠道，吸引更多的体育志愿者加入其中。这需要做好以下几个方面。

第一，选拔一些具有一定专业知识和健身技能的人员作为社区体育健身志愿者，尤其是那些体育专业的离退休人员。

第二，加强社区与体育院校之间的联系，把体育专业学生带到社区中实习，这样不仅能丰富大学生的业余生活，还能为老年人健身志愿服务注入新的活力。

第三，动员体育教师参与到体育健身志愿者服务中。体育教师的工作性质决定了他们不仅具有丰富的理论知识和健身经验，同时还有一定的组织与管理体育活动的能力。因此，体育教师作为老年人健身志愿者对老年人参加体育健身具有重要的作用。

第四，挖掘高校志愿者的潜力。一般来说，学校中培养出的志愿者必将成为社区体育健身的一块基石。高校中的学生接受过系统的体育培训，具有丰富的理论知识和较高的技能水平，其作为志愿者能很好地指导老年人参加体育健身。

3.信息服务体系

要保证老年人健身体系的顺利运转，必须要加强老年人信息服务体系建设。一方面，要加大社区老年人健身服务的科研力度，及时处理各种老年人健身的信息，为老年人健身提供科学的技术服务。另一方面，综合利用现代媒体的宣传优势，加大宣传力度。

（1）老年人健身宣传服务

老年人健身宣传服务体系的建立是完善健身信息服务体系构建的一项重要内容。加强老年人健身宣传对于提高老年人的体育文化素养具有非常重要的意义。很长一段时间以来，我国老年人健身呈现出宣传主体单一、宣传内容单调、宣传手段落后、宣传效果不佳的局面，这严重影响到老年人健身的进行。

（2）老年人健身科研服务

一般来说，老年人健身科研服务是利用信息化技术，收集老年人在健身过程中的各种信息，进行老年人健身活动的研究。

①收集和汇总老年人健身信息。老年人健身信息涵盖各个方面，主要包括老年人的形态指标、健身设施的使用情况、老年人的健身要求、老年人的健身效果等。收集与汇总的这些基本信息要力求全面和真实，能正确反映老年人健身中的各种问题，从而确保老年人体育健身研究的准确性。

②建立社区老年人健身科研信息数据库。随着现代社会的不断发展，老年人健身也需要建立一个信息数据库，这对于老年人健身活动的开展具有重要的意义。建立老年人健身科研信息数据库系统，必须依托一个比较成熟的社区服务网络技术进行操作，这能在一定程度上保证老年人健身科研信息库的安全。

③建立科研信息服务的共享机制。要想实现科研信息服务的有效沟通与交流，必须要建立一个老年人健身的科研信息服务共享机制。社区老年人健身科研信息资源共享机制是指各个主体在自愿、平等、互惠的基础上，利用各种技术、方法和途径，共同建设和利用科研信息资源，最大限度地满足老年人的健身需求。

第四章　老年人体育锻炼的科学理论

体育锻炼是促进人们身心健康的重要手段，对于老年人群体而言，加强体育锻炼是延缓衰老、增进健康不可或缺的手段。长期坚持科学有效的体育锻炼，对于正处于衰老阶段的老年人群体来说有着非常重要的意义。因此，本章将针对老年人的身心特点，对与体育锻炼相关的科学理论进行全面的分析，主要包括老年人体育锻炼的理论基础、老年人体育锻炼的基本原则、老年人体育锻炼的基本方法、老年人体育锻炼的注意事项和老年人体育锻炼的心理指导几个方面，希望对老年人的体育锻炼给出一些有效的理论方面的参考。

第一节　老年人体育锻炼的理论基础

一、体育锻炼的生理学基础

人体的体育运动有着复杂的生理学机制，根据进化论的观点，用进废退是所有生物进化的基本动力机制，这在人类漫长的演化过程中已经得到充分的佐证。对于老年群体来说，在系统地开展体育锻炼之初，有必要对人体运动的生理学知识有所了解，这对指导健康锻炼和有效避免运动损伤具有明显的作用。老年人参加体育锻炼主要目的是保持机体的灵活性，加强肌肉的力量和耐力素质，从而让机体的运动功能保持在一个相对矫健的阶段，同时对调节内分泌、促进新陈代谢和血液循环也具有积极意义。因此，老年人需要具备一些基础的生理学知识，能够促进他们长期坚持参加体育锻炼，并且懂得一些运动保护的常识，指导他们在进行体育锻炼时做好防护，避免受伤，达到良好的运动效果。

体育锻炼是一个消耗体力的过程，因此，在锻炼的同时也是促进体内物质的分解和能量消耗的过程，这种能量的消耗对人体具有积极的作用，会打破原有的内化与异化的平衡，并增加内化作用，随着运动时间和运动量的不断提升，人体的内化作用也在不断加强，促使体内组织细胞内物质和能量的加大吸收，最终呈现促进人体体质的提高。所以，长期坚持运动可以有效地改善人体的健康水平。由此可见，体育锻炼对于增强健康水平具有明显的作用。

二、体育锻炼的心理学基础

（一）促进身心互动

人体育锻炼中的身心互动，是指人体在运动中不仅仅是身体肌肉和骨骼之间的互动，而且还包括身体与心理感受、情绪等的相互作用。包括在体育运动中产生的心理感受、知觉、记忆、思维等心理过程，以及兴奋、沮丧等心理特征，这些都是由于健身锻炼行为所引起的直接作用于人体的情绪和思维部分，这些心理感受又会反过头来影响人体的动作效果、运动表现等，这就是身心互动原理的基本体现。

身心互动对于促进人的体育锻炼具有明显的积极作用，有时也具有一定的消极作用。比如，当人们从事自己喜欢的运动形式时，运动强度适中，使人们内心产生一定的胜任感，这就会激发出愉悦、轻松、积极的心理感受和情绪，会激励人们更加积极地投入时间和精力进行体育锻炼。如果人们在进行与自身性格不符或者难度较大的体育锻炼时，就会产生一定的抵触情绪和畏难心理，进而导致退缩和排斥，影响人们坚持进行体育锻炼的决心。

基于这一身心互动机制，可以督促老年人在进行体育锻炼时，应该以自身的兴趣爱好为根本出发点，同时还要根据自身的身体条件和素质基础，选择运动难度和强度都适中的运动项目加以锻炼，保证老年人有兴趣、有决心长期坚持体育锻炼。总之，在体育锻炼的过程中，应保护老年人的锻炼自觉性、积极性和主动性，这样才能得到较为理想的健身效果，进而不断提高、改善和调节老年人的心理水平和健康水平。

研究证明，愉快的情绪能使大脑和内分泌产生有益于健康的物质，促进新陈代谢和胃肠功能，而愤怒时血压容易升高，忧郁时胃肠黏膜苍白、分泌物减少、消化受阻，不良的心理还是癌症的诱因之一。通过长期的体育锻炼，不仅能增强健康体质，还可以调节情绪，从而达到身心健康的状态。

实际上，这在生物学上得到了科学的验证。研究发现，经常参加体育锻炼的人比那些鲜少进行锻炼的人会表现得精神饱满、神采奕奕，给人以有力量、有活力的感觉。这是因为人体只要进行持续20分钟的有氧运动，就可以刺激垂体产生一种对人体非常有益的激素物质内啡肽。一定的内啡肽会让人产生愉悦感，以及身心放松的感觉。根据这一道理，心理学家对于惊恐症患者建议有氧锻炼，使过度的情绪反应或心理影响得到宣泄和疏导。

（二）增强心理健康

体育锻炼对人体的心理和情绪有着明显的改善作用，这对于老年人而言具有积极的意义。随着年龄的增长，人的精力和体力会有不同程度的衰减，这必然会影响正常的工作和生活，长期下去会严重影响老年人的健康水平。因此有必要通过加强体育锻炼这一手段，逐渐提升老年人的身体素质，有效地调节他们的情绪和心理，对提高老年生活质量具有积极作用。体育锻炼增强心理健康具体表现在以下几个方面。

（1）增强老年人的自信心，重新体验到身体的活力，从而增加对生活的热情。

（2）通过适度的体育锻炼刺激身体分泌更多的内啡肽，有助于提升情志，愉悦心情。

（3）长期坚持体育锻炼可以增强生理功能，提升机体的免疫力，有助于老年人保持健康的身体，远离疾病，对提升内心的胜任力有积极作用。

（4）通过体育锻炼可以扩大社会交往范围，提升社交能力、改善人际关系。

（5）体育锻炼具有情绪宣泄功能，可以帮助老年人排解生活和工作中产生的不快情绪，促进释放压抑的情绪，从而重新感到心情畅快。

三、体育锻炼的社会学基础

从社会学角度分析进行群体性的舒适愉快的体育健身，既有利于增进人的身心健康，又有助于提高人的“群体素质”（能协调人际关系、团结互助）。特别是60岁左右的人，多参加一些体育锻炼，尤其是参加一些集体健身活动，对尽快调整退休前后的心理状态会有积极的作用。

我国的老年人群体，主要是指已经进入退休生活的城镇居民，或者进入老年阶段的农村居民。这一群体由于已经不再承担繁重的社会工作或者生产劳作，逐渐回归家庭，生活习惯和生活内容的明显转变，会给社会、经济、家庭、医疗等方面带来不同程度的影响。因此，全社会有责任关心老年人群体的健康和生活方式，这不仅有助于提高老年人的身心健康，同时对社会整体的良性发展也具有重要价值。随着我国逐步进入老龄化社会，老年人群体对社会的安定团结和国家的繁荣发展都将产生重要影响。因此，加强促进老年人的身心健康，关怀老年人的晚年生活，特别是加强老年人的身体健康，通过全民健身事业，引导老年群体进行科学有效的锻炼，不断增强健康水平，延缓衰老和疾病，对提升全社会的健康水平也具有一定的作用。一般而言，老年人进行体育锻炼的动机可分为以下几种情况，通过研究他们的体育锻炼需要，可以更好地进行宏观的组织和安排。

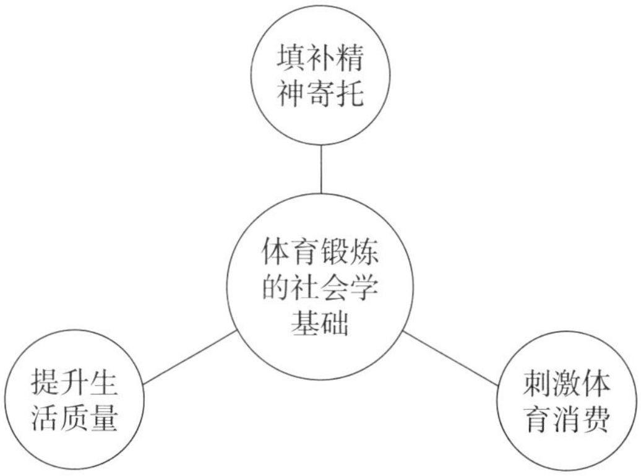

图4-1　体育锻炼的社会学基础

（一）填补精神寄托

老年人离退休后，由于社会活动逐渐减少，承担的社会责任和工作责任都明显变小，其人际交往的范围和频率也在缩小，因此难免会产生失落感和孤独感，显然这种情绪对老年人的身心健康是不利的。通过有规律、有组织的体育锻炼，不仅能够增强体质，还可以带动老年人开展新的社交生活，结交一些同龄人，让生活内容更加丰富，排解孤独，充实生活，并获得一定的精神寄托。

（二）提升生活质量

随着人体的不断衰老，或多或少都会有一些疾患，所谓的老年人基础病，比如高血压、糖尿病、冠心病等，这些疾病的存在会严重影响老年人的生活质量。但是社会在进步，人们的健康意识和观念也在发生着变化。现在的老年人都非常重视养生和保健，由于智能手机的普及，老年人也能轻松得到很多有关提升健康的信息，促进他们选择适合自身的体育锻炼内容，这非常有助于促进老年人加强体育锻炼，提升健康水平。

（三）刺激体育消费

体育消费是国内消费的重要组成部分，随着近些年来人们的健康意识不断加强，以及我国社会老年化的不断逼近，人们对健康的追求也在逐渐提升。老年人作为最关注健康的一个群体，他们不仅有强烈的养生意识，而且也逐渐认识到体育锻炼的重要性。老年人群体成为我国体育消费的一个重要力量。而且，老年体育消费群体与年轻的体育消费群体具有一些区别。比如，年轻体育消费群体的消费特点是追求新鲜时尚的运动项目，而且对运动装备、运动器材、运动服装等有着较高的消费需求，但是由于工作繁忙，并没有充裕的时间能够稳定地进行体育锻炼，因此他们的消费额度较高，但是消费频率并不高。老年群体的体育消费特点是，他们基本上不会攀比光鲜时髦的运动服饰，也不会因为健身效果不理想而气馁、退缩，他们的体育消费特点是价位普通，但是消费频率较高，他们有充裕的时间长期锻炼。比如，老年群体有晨练的习惯，很多城市和乡村也都已经形成较为成熟的老年人的锻炼氛围，比如健步走、健身操、广场舞、登山队等，长期的体育锻炼带来长期稳定的消费数据，而且老年人的锻炼规模在不断增长，尽管老年人的体育消费水平处于中等偏低，但是他们群体基数大，假设每人每年购置一套运动鞋、运动服、登山鞋帽、登山杖等也是一笔很大的数字，这对我国整体的体育消费来说是一项重要内容。

图4-2　老年人体育锻炼

第二节　老年人体育锻炼的基本原则

老年人进行体育锻炼与年轻人不同。首先，老年人的身体状况决定了他们在选择锻炼项目和锻炼内容时有很大的局限性或者是指向性，比如要避免过于激烈的项目、避免运动强度过大、避免情绪过于兴奋，等等。其次，一般老年人进行体育锻炼多喜欢结伴而行，在锻炼的同时，还能满足他们部分的社交需要。总之，老年人在进行体育锻炼时应从自身情况出发，科学合理地开展锻炼活动，一般需要遵循以下几个基本原则。

一、兴趣主导原则

和大多数坚持锻炼的年轻人有所不同，老年人参加体育锻炼一半是迫于健康的压力，一半是为了丰富生活内容。因此，老年人在选择运动项目和运动方式时，首先要从自身兴趣出发，只有真正感兴趣，才能在过程中获得乐趣，才能长期坚持，最终实现提升体质、愉悦身心的目的。

二、全面发展原则

老年人参加体育锻炼的核心是改善身体的健康水平、增强机体免疫力、延缓衰老等。实现这些目标需要全面地激发出身体的活力，而不仅仅是局部增肌、塑形，老年人更在意的是全身身体机能的调节和改善。因此，老年人参加体育锻炼应遵循全面发展的原则。只有全面发展，才能充分调动起机体的各种机能，使身体由内到外地得到改善，包括脏腑的功能，免疫系统、消化系统等功能都会得到不同程度的提高，同时对降低体脂、优化身体形态、提升心理素质等都有积极的促进作用。

因此，老年人应首选那些带动全身骨骼和肌肉都参与运动的项目，比如太极拳、太极剑、广场舞、游泳、慢跑等，都是非常好的有氧运动。另外，老年人的身体锻炼还应注重身体素质与心理素质的全面提高。在学习运动技能、发展体质健康的同时，还应有意识地促进心理的发展，比如培养积极乐观的生活态度，打开心胸，多结交朋友，结伴去大自然中感受万物的生命力，这些都会直接或间接地促进老年人身体、心理的全面发展。

三、循序渐进原则

老年人的体育锻炼要循序渐进地进行，不能一开始就设定过于激进的运动计划或安排过于刺激的运动内容，而是要根据老年人的身心特点，从简单轻量的运动开始，比如有些老年人动作较为缓慢，经常有腰酸腿疼的症状，就可以将散步作为固定的锻炼项目，开始的时候不要让自己感到非常疲惫，然后逐渐地向健步走靠拢，有条件的老年人还练习慢跑，通过循序渐进地增加运动难度和运动强度，在充分尊重身体变化的客观规律的条件下进行。简单地讲，循序渐进可体现在以下几个方面。

（1）在运动内容和运动负荷的安排顺序上，遵循系统性和连贯性的内在逻辑，由易到难、由简到繁，制订一个长期的、发展的运动计划。

（2）在不同的运动项目之间，也应遵循循序渐进原则，即前一个项目的运动为之后的运动奠定基础。

（3）在身体运动强度负荷、心理承受能力两个方面，都要把握好循序渐进的原则，从自身现有的水平出发，逐渐增加一些小小的挑战，最终促进身心素质水平的全面提升。

四、因人制宜原则

因人制宜原则是指，应该注意到即使是同样年龄、同样性别的老年人，其身体素质差异也往往会悬殊，有的老人天生体质好，又有多年的运动习惯，因此即便年纪渐长，但身体依然健硕矫健，几乎没有老态。有的老年人体弱多病，也很少运动，那么随着年龄的增长，就会有明显的衰老表现，虽然他们可能是同龄，身体素质却相当悬殊。因此，老年人的体育锻炼不应以年龄为主要参考指标，而是应全面地衡量他们身体素质水平，必须采用因人制宜的指导思想进行锻炼，要具有差异性，不能照搬他人的锻炼形式、方法甚至是负荷，否则就会造成运动损伤。要做到因人制宜，必须要了解以下两个方面的信息，再进行锻炼安排。

（1）根据自己过往的身体素质情况和运动健身情况，尽量征询医生和健身教练的意见，做一个基本的身体评估。

（2）对于不了解自身运动素质水平的老年人，可以从相对容易的运动项目开始，自己细心摸索。在锻炼初期，以察觉自身在运动过程中以及运动后的身体感觉为主，一旦有不适的感觉，应停止训练，尽快查明原因，排除隐患后再开始锻炼。

五、针对性原则

针对性原则是指从个人的实际情况出发，运动锻炼终归是为满足个人的健康需求和心理需要而发起的。因此，必须有针对性地开展才可能发挥锻炼的价值。比如有的老年人喜欢钓鱼，有的人喜欢下棋，但是钓鱼和下棋都属于久坐的活动，表面上看并不符合锻炼的基本要求，但是如果他们能够从中获得特有的乐趣，那就是合适的运动，应该鼓励。可以结合一些其他的项目一起进行，来缓解该项运动不足的地方。

六、经常性原则

持之以恒对任何人而言都不是轻易可以做到的事情。尽管它没有对质量有明确约束，只是在时间上提出一个恒常性的条件，就已经将很多人都拦在门外了。人体的发展和变化是需要一个较长的周期的，如果想通过锻炼获得较好的锻炼效果，必须坚持经常性原则，即经常进行一定强度的锻炼，在积累了一段时间之后，才会得到明显的改善效果。

老年人虽然没有工作压力，也没有过多的社会活动，但是我国的老年人大多数都把时间和精力贡献给照顾家人，尤其是照顾隔代人上。这是我国社会的普遍现象，因此很多人都习以为常，老年人要做家务、带孩子，这些都是很难自主控制时间的工作，因此经常会挤占他们自己的锻炼时间。可见，对于没有社会工作的老年人，能够做到经常性参加体育锻炼也不是一件容易的事情。更何况，体育锻炼本身就是一个需要付出体能、挑战舒适区的活动，需要一定的毅力才能坚持下去，在这些挑战下，很多老年人的锻炼断断续续，难以维持稳定的节奏，这其实会影响运动效果。因此，老年人应加强自主意识，努力克服困难，以经常性原则要求自己参加规律的体育锻炼。

七、顺其自然原则

老年人在进行体育锻炼的时候，还应该遵循顺其自然的原则。运动锻炼既要顺应大自然的规律，也要顺应人体的发展规律。比如，夏季天气炎热，身体容易疲惫，而且稍一运动就会大汗淋漓，那么此时就应该选择早晚较为凉爽的时候再锻炼，或者进行一些水上运动。冬天天气寒冷，患有心脑血管疾病的老年人应尽量减少在室外的运动时间，选择一些室内活动，比如瑜伽、太极拳、站桩、蹲马步、哑铃或者乒乓球等，这些属于顺应大自然的规律。

另外，还应顺应人体自身的发展规律，比如如果近期的运动量略大，身体一直感到疲惫甚至影响了睡眠或者精神不振，那么就应适当减少运动量，或者暂停运动休息几日，让身体得到充分的休养之后再开始锻炼。

总之，只有认识自然界的变化规律，顺应自然地进行运动健身，才能防病保健，有利长寿。

八、越早越好原则

人的身体始终处于发展变化之中，除了其内在的自然节奏之外，比如进入老年后身体加速衰老这一过程是无时无刻不在进行的。同样的，如果能够长期坚持体育锻炼，给身体正向的作用力，那么就会延缓衰老，并且还会在一定的程度上加强某些机能。对于老年人来说越早锻炼越好，早锻炼，早受益。

因此，老年人应该有意识地主动创造体育锻炼的机会，没有条件也要自己创造条件。健康是生命正常有序发展的基础，是个体的无形资产。疾病是长期积聚的结果，健康也同样需要靠日积月累才能获得。每一位老年人都希望自己有着强健的体魄，希望减少病痛，能够轻松自在地享受晚年生活，那么就应该尽早地进行规律的锻炼，为自己的健康投资，为自己的幸福晚年做准备。

图4-3　老年人体育锻炼的基本原则

第三节　老年人体育锻炼的基本方法

为了保证老年人更好地进行运动健身锻炼，获得更好的锻炼效果，延年益寿，有必要掌握一些基本的体育锻炼方法。一方面，这些锻炼形式较为轻缓、简单，比较适合老年人群体的身体条件。另一方面，这些运动都属于全身参与运动的锻炼内容，非常有助于全面提升和改善老年人的身体素质，长期坚持的话，一定可以帮助老年人强健体魄、愉悦心情以及增强自信。

一、散步

散步是最常见、最简单同时也是最有效的运动方法。实际上，散步能够调动起身体的多个组织参与运动，运动强度适中，是一种非常适合老年人的锻炼方式。

通过控制散步的距离和速度，可以有效地达到运动锻炼的目的。对于老年人而言，可以选择环境优雅、路面平坦的公园、广场、河边、林荫道等散步。在锻炼的同时，还能欣赏周边的宜人风景，同时达到舒展身心的效果。对于一些身体条件较好的老年人，可以选择在体育场等铺有塑胶跑道的地方练习倒步走，倒步走可以锻炼到平时不经常使用的肌群，刺激这些位置的血液循环，从而达到全面激活身体活力的目的。

二、健身跑

健身跑是指以增进身体健康为主要目的的跑步。对跑步的速度、方式没有特别的要求，只要选择适合自己的步频、步幅即可，健身跑是一种非常方便的有氧运动，不需要专门的器械和场地，也不需要有搭档和队友的陪伴就可以练习，因此随时都可以进行。

目前，健身跑作为人们进行强身健体的重要手段已经风靡世界，也成为现代人用来预防和治疗疾病的首选手段，并且越来越多地被老年人群体选用。

健身跑的练习形式多样，有很多种方法，比如匀速跑、倒退跑、变速跑、重复跑、间歇跑、走跑交替等。老年人可以根据自身的身体情况和环境情况选择最喜欢的方式进行，或者也可以交替进行，还能缓解枯燥，增加锻炼的乐趣。

三、甩手运动健身法

甩手健身是指身体自然站立，双腿与肩同宽，然后双臂向同一方向自然地摆动，摆动时躯干也随之转动，随机再向相反的方向摆动，如此反复。甩手前，身体站直放松，两眼平视前方，一般每回练习可摆动100～150次。甩手是一种简单易行的锻炼方法，尤其适合老年人群体。它不需要场地和器材，只是借助身体的轻微律动，达到舒畅心情、疏通血脉的作用。甩手运动主要集中在上半身，因此，在甩手动作结束后，再适当地做一些转腰、压腿、伸展活动或者原地踏步等活动，平衡身体各个关节和组织，从而令全身都得到一定的锻炼。

四、球类运动

适合老年人进行运动健身的球类运动主要有羽毛球、乒乓球、健身球、门球、高尔夫球等。老年人可以根据自身的身体条件、个人兴趣和物质条件进行选择。

五、跳舞

跳舞也是一种非常适合老年群体的锻炼方式。

跳舞不仅是有节律的全身运动，而且还伴随着优美动听的音乐，这可以同时起到强健身体、锻炼记忆力以及舒畅心情的作用。在音乐和舞蹈的氛围里，老年人的身心都得到愉悦。同时跳舞也是一种社交活动，帮助老年人打开生活圈子，结识更多志趣相投的朋友，这些都是非常有益的丰富老年文化生活、提升老年生活质量的有效方式。

比较适合老年人的舞蹈有交际舞、广场舞、扭秧歌等。在欢快、悠扬的旋律中翩翩起舞，令人心旷神怡，长期坚持舞蹈锻炼，可以使人感到全身轻松和协调，有助于消除心理紧张和大脑疲劳。作为一种全身心的运动，跳舞可以使人体的各器官系统都得到锻炼，增强机体的新陈代谢，使呼吸和心跳加快，提高心脏的泵血能力，以使更多的血液能够输送到全身各处。老年人长期坚持将跳舞作为运动健身锻炼的手段，一定能够从中获得良好的运动健身效果。

六、太极拳、太极剑

太极类运动是我国传统武术的典型代表，蕴含着丰富的中华传统文化和哲学，对促进老年人的身心健康具有积极作用。太极拳和太极剑具有相同的运动特点和健身价值。轻灵、巧妙，以静御动，后发先至，以柔克刚，避实就虚。太极拳和太极剑既可以单人练习，也可以进行集体练习，对提升老年人的心肺功能，以及手臂、腿部和核心区的力量有明显效果。

七、健脑操

为预防老年痴呆，老年人可适当做一些健脑操。下面分析几种对老年人大脑健康有益的运动方法。

（一）醒脑保健操

（1）站立，拍手，重复5次。

（2）坐姿，背挺直。

（3）两手掌合并，互相用力推。

（4）两手分开大约15厘米，然后再合并用力互推，挤出手掌中的空气，重复6次。

（5）两臂高举过头，手掌重叠置于头上，手掌向上，保持片刻。

（6）双手交叉置于胸前，慢慢向颈部移动，轻搓颈部。

（7）一掌握拳，叩颈3次，另一掌握拳重复，颈部向左右两侧缓缓转动。

（8）慢慢站起，反复伸懒腰，活动四肢。

（9）从腹部（丹田）发气，大喊两声。

（二）提神健脑操

1.上下耸肩

两脚开立，两肩尽可能向上提，将头夹在两肩峰之间，保持片刻，两肩下落。重复8次。

2.背后举臂

两臂在背后伸直并交叉，用力向后上方举起，举到最大程度时保持3秒，然后迅速还原。

3.叉手前伸

屈臂，十指交叉置于胸前，然后双手迅速分开平行向前伸展，同时迅速向前低头，两臂夹头，还原，重复8次。

4.叉手转肩

屈臂，十指交叉置于胸前，掌心朝下，向左侧最大限度地转肩。头随肩转动，转动幅度至少为90°。左右两侧交替转动，一左一右为一次，重复8次。

5.前后转肩

体前屈肘，使大小臂垂直，旋转肩部，先由前向后，再从后向前。反复若干次。

（三）手指健脑法

1.常活动手指

老年人多做一些手指活动，有助于加快大脑和手指间信息的传递速度，从而对促进大脑血液循环、增强大脑活力、提升记忆力、加强思维的敏捷性以及延缓脑细胞衰老具有重要意义。可以将活动手指的练习融入打篮球、玩魔方中，手脑协同活动，健脑效果更好。

2.常伸屈手指

手指经常性的伸屈有助于使手指关节更加柔韧，并对提升大脑工作效率也有帮助。练书法、绘画、左右活动手腕关节、伸屈指关节等都可以达到这样的效果。

第四节 老年人体育锻炼的注意事项

一、选择适当的时间和地点进行锻炼

老年人在锻炼身体的时候，对时间和地点的要求要比年轻人更高，或者说有更加具体的要求。因为老年人的身体素质整体上都不如年轻人那么强壮，他们对锻炼地点的要求就相对较高，比如一定要足够安全，不宜选择公路自行车或者爬野山等，要选择地面平整的锻炼场地和有一定的防护措施的器械，而且还要选择人体生发功能最强、自身精力最好的时间段进行。

具体而言，老年人的锻炼时间最好选择在清晨。清晨空气清新，气温宜人，经过一夜的休息后，体力比较充沛，精神饱满，这是一天里最好的锻炼时间。锻炼地点最好选在公园、海滨、广场、体育馆等处，这里要么阳光充足，空气新鲜，要么有专业的运动设施，会给老年人更强的自信心，更有安全感，有助于开展各种体育锻炼活动。

二、锻炼时要穿合适的服装

老年人在运动锻炼时，应首先穿着舒适宽松轻便的运动服装，材质选择棉质或者具有较强透气性能、速干效果的专门训练服，这样对老年人具有一定的保护作用。

锻炼时穿什么样的服装因人而异，只要做到舒适、轻便，有利于肢体活动即可。要有一身合体的运动服，以棉织品为好，或者具有一定的排汗、速干功能的训练服也可以。对于老年人而言，最重要的是穿上一双轻便舒适的运动鞋。有些老年人习惯了穿布鞋、皮鞋，以为只要合脚就可以，不一定要穿运动鞋。实际上，布鞋和皮鞋即便再轻便合脚，也没有运动的功能，在运

动时就存在隐患。运动鞋的功能分类较清晰，比如可以减震的跑鞋，可以抓地的球鞋等，都能帮助老年人锻炼过程中更加安全可控。

夏季日晒强度高，要注意防晒，长时间强光照射会晒伤人体的皮肤，并且由于夏季气温高，在锻炼时出汗过多，如果没有及时补水，有可能会导致脱水等问题出现。因此，老年人在夏季锻炼时，应注意防晒，戴上太阳帽、太阳镜，并及时补充水分。冬季天气寒冷，老年人多患有心脑血管基础病，因此要特别注意保暖防寒，戴好帽子、围巾、手套等。但是无论夏季还是冬季，老年人都应合理安排锻炼时间，避开气温过高或者过低的时间段。比如，夏季应选择在清晨锻炼，冬季则应选择午后气温高且没有风雪的日子锻炼身体。

三、锻炼前应做准备活动

准备活动又称为热身，目的是让人体从安静状态进入运动状态前做好相应的准备。如果机体从安静状态快速进入高强度的运动状态，也就是说当运动器官进入十分兴奋的运动状态时，内脏器官由于生理惰性还在缓慢地过渡中，这样就会造成机体内在的不协调，影响运动效果。热身可以提高肌肉、关节韧带的柔韧性和弹性，对预防运动损伤也有明显的作用。

一般的准备活动包括拉伸、走步、徒手体操以及活动机体的各个关节。身体条件允许的老年人，还可以增加一些慢跑活动来唤醒全身的各项机能，当身体感到微微出汗，身体轻松即可。一般的热身需要3～5分钟，可根据自身的情况以及天气的情况灵活调整时间长度。

四、锻炼期间要注意营养补充和饮食卫生

当人体进入体育锻炼状态后，机体的各个组织开始逐渐兴奋起来，此时对人体的体能消耗较大，老年人相对体质较弱，锻炼时对机体的能量和营养

消耗都较为明显，因此，在锻炼期间应注意营养补充和饮食卫生。

首先，老年人应选择餐后一小时到两小时之后进行锻炼，锻炼后也要在大约半小时之后，待机体的各个组织器官都恢复至平静状态再进食，这样有利于食物的消化和吸收。

其次，老年人的吸收功能有所下降，因此，在必要的时候，可以补充一些维生素、蛋白粉等营养补充剂，与适当的锻炼相结合，会起到增强体质、提高免疫力的作用。

再次，锻炼时身体或多或少地会有排汗的情况，因此，在锻炼后，应及时补充水分。但注意不要大口猛饮，避免给肠胃和心脏带来过重的压力，而是小口饮水。还应注意，在夏季锻炼后不要急于喝冷饮，因为运动后，人体体温升高，此时如果喝冷饮，会令胃肠道的血管突然收缩，血流量减少，导致肠胃功能的紊乱，或引起腹泻等问题。

五、锻炼后要做整理活动

老年人进行体育锻炼之后，必须认真做整理活动。因为经过一段时间的运动之后，如慢跑、打拳、跳舞或者羽毛球、乒乓球之类运动后，身体还处于一定的兴奋状态，肌肉大都处在缺氧状态下。因此，虽然运动停止了，但是心肺等器官还在努力工作中，为了给身体补充运动时所缺的氧气。如果运动突然停下来，就会影响心脏对氧气的补充，同时也影响静脉的回流，心排血量减少，血压下降，送到头部的血液减少，就会产生头晕、心悸、恶心等现象，严重时会晕倒。特别是患有心血管基础病的老年人，感觉会更加明显。因此，在运动后一定要做一些整理活动，让身体逐步地回到安静状态，给机体慢慢适应的时间，更加有利于健康。另外，在较大运动量之后，做整理活动还可以促进消除疲劳、缓解肌肉酸痛等现象。

整理活动应侧重调整呼吸和让机体放松的活动。比如散步一段距离，同时做呼、吸气运动，也可以做整理体操，使呼吸均匀，尽快恢复到安静状态。整理活动一般3～5分钟即可。

六、制定合理的运动处方

步入老年后，人体脏器、各个系统都会发生明显的退行性变化，有些是机能性的变化，有些是器质性的变化，这些变化容易增加老年人发生疾病的概率，尤其是心血管系统疾病。老年人要预防常见老年病，就应该坚持参加一些有疾病防治功效的有氧运动，从而达到健身和防治疾病的目的。

老年人的肌肉力量远不如中青年时期，下肢肌肉力量的退化尤为明显，这严重影响着老年人的体质健康和生活质量。而骑自行车、健身走跑、广场舞等适宜的健身运动对改善老年人的骨骼系统机能，延缓骨骼退化，预防骨质疏松症以及维持肌肉组织的良好状态等具有重要意义。根据老年人的体质状况和运动兴趣爱好，可以制定如下基础运动处方。

（1）运动方式。老年人的健身运动方式主要有步行、慢跑、太极拳、老年健身操、气功、功率自行车等，注意掌握适宜的活动范围和促进各部位肌肉协调发展。

（2）运动强度。老年人在健身锻炼中，运动强度要从小到大逐渐增加，如开始锻炼时从最大心率的40%开始，逐渐增加，增加到最大心率的60%时，一般将此作为最适宜强度保持下去，对应心率为110～130次/分钟。

（3）运动时间。每次锻炼时间根据运动强度来安排，运动强度小而持续时间长的锻炼方法更适合老年人。以健身为目的的老年人，以中等强度为主，每次锻炼时间为20～30分钟。具体要根据身体素质和耐受程度来灵活调整。身体素质差者以间歇性运动为主，遵循少量多次的原则。

（4）运动频率。研究认为，老年人每周锻炼2次可以保持机体的基本功能储备，每周锻炼3～4次，每次持续20～30分钟，才能提高机体功能水平，对强身健体、预防疾病以及延年益寿更有帮助。

（5）注意事项。老年人在运动健身中要注意以下几个要点。

第一，开始运动之前做必要的医学检查，根据医生的建议选择运动项目。

第二，从低强度运动开始，逐渐增加强度。

第三，有规律地锻炼，每周至少3次。患病或身体不适时需停止锻炼，不要勉强锻炼。

第四，年龄越大，准备活动越重要。锻炼前做10分钟准备活动有利于保护肌肉和关节，预防损伤发生。

第五节　老年人体育锻炼的心理指导

老年人锻炼的心理指导主要包括以下几个要点。

（1）要从意识上帮助老年人，明确恰当的体育锻炼对健康的诸多益处，不仅可以延缓衰老，增强体质，还可以缓解病痛，配合医生的治疗会得到事半功倍的效果。

（2）帮助老年人建立运动的信心，对于从来没有参加过体育运动的老年人，需要在家人帮助下突破这一心理障碍，要鼓励老年人参加集体形式的体育锻炼活动。不仅可以被同龄人带动，还可以扩大交际面，增强情感链接，弥补老年人常见的孤独和空虚感。

（3）帮助老年人选择适当的运动项目和运动场所，家人应为老年人创造锻炼的条件和环境，鼓励老年人养成规律锻炼的习惯。

（4）在条件允许的情况下，可以定期组织一些家庭的锻炼项目，给老年人创造一个轻松、愉悦的锻炼氛围，让他们逐渐享受参加体育锻炼的乐趣，如果能培养出对某一运动项目的强烈爱好则效果更好。

（5）鼓励老年人运动的同时，要注意方式方法，树立平和的锻炼心态，重在参与，淡化胜负心。老年人的体育锻炼更注重过程，不追问结果。

第五章　老年人体育锻炼医务监督与健康管理

老年人的身体素质处于下坡期，而且多数老年人还患有不同程度的基础病，因此，在体育锻炼的过程中，相对于年轻人而言，老年人更容易出现运动损伤。老年人的体育锻炼必须重视医务监督的问题，并且要加强健康管理。本章将从老年人体育锻炼的健康饮食、老年人体育锻炼的运动疲劳与恢复、老年人体育锻炼的运动损伤与处理、老年人常见病的体育运动干预、老年人体育锻炼的禁忌证与自我监督以及老年人体育与健康管理等方面详细展开研究。

第一节　老年人体育锻炼的健康饮食

一、老年人体育锻炼的营养补充

营养是保证老年人体育锻炼正常进行的首要问题。这是因为人体的生命活动无时无刻不需要营养物质，营养不仅是维持生命的基本要素，而且也决定着人体的体质健康和生命状态。老年人的消化吸收系统相对较弱，对营养的吸收需要更悉心的呵护，尤其经过大量的运动健身之后，机体会消耗大量的营养物质。及时科学地补充营养和能量，与体育锻炼有机地结合起来，是增强体质、避免病痛的基本前提。

只要能合理地搭配饮食，就能够获得人体所需的所有营养物质。一般而言，目前世界公认的人体营养结构是一个呈金字塔形的食物配比。从这些食物中就能获得人体所需的六大营养素，包括糖类、脂肪、蛋白质、维生素、矿物质和水，这就是维持人体生命活动、从事劳动、运动健身所需的一切营养和能量。

（一）糖类

糖类是人体主要的能量来源，提供了人体每日摄取的总热量的50%～55%。当体内含有充沛的糖类物质时，可以节省对蛋白质的消耗，还可以保护肝脏，促进人体消化。糖类也是供脂肪新陈代谢的主要能量来源，是中枢神经系统所需的热量来源。这就意味着，如果碳水化合物摄入不足，人体内就会出现水分流失和新陈代谢减慢的现象。一般地，建议人体每日摄入糖类的量为每千克体重8～10克。

人类获得糖类主要是从植物性食物中的谷类、根茎类和各种蔬菜和水果中获得，其中马铃薯、玉米、红薯等都是优质碳水化合物的来源。

（二）脂肪

脂肪是人体必需的营养物质之一，人体每日所需热量的20%～30%来自脂肪，脂肪是生命活动必不可少的一种营养素。脂肪对人体的主要作用体现在以下几个方面。

（1）脂肪是人体细胞的重要组成成分。细胞的新陈代谢需要由脂肪提供原料。

（2）脂肪能够调节人体新陈代谢和生长发育的肾上腺皮质激素和性激素等，其主要成分便是脂肪类物质。

（3）脂肪是维生素存在的基础，同时能促进机体对脂溶性维生素的吸收。

（4）脂肪是人体主要的能量来源之一，具有人体“能源库”之称。

（5）脂肪具有保持体温和保护内脏器官的作用。大部分的脂肪主要分布在皮下、肠系膜、大网膜和肾脏的周围，一方面可以阻止人体热量的散发，另一方面可以固定脏器的位置，并起到缓冲的作用。

人类获得脂肪的主要食物来源是花生、大豆、芝麻，以及肉类食物。

（三）蛋白质

蛋白质占人体重量的18%，蛋白质是构成人体细胞的物质基础，是人体的建筑材料。蛋白质在人体中承担着重要的功能，包括合成和修补机体细胞，保持水分、酸碱度的平衡等。

一般来说，老年人每日的饮食中应有20%是蛋白质，这对于增强免疫力、提升体质健康有积极作用。人体获得的蛋白质主要分为来自肉、蛋、奶等食物的动物蛋白，以及来自大豆、豆制品、谷物等食物的植物蛋白。人体每天必须保证充分的蛋白质的摄入。一般每公斤体重每天大约进食一克蛋白质。过多摄入蛋白质也会给肝脏、肾脏造成负担，因此老年人应该根据自身的运动量、健康状态、体重等不同情况酌情摄入。

（四）维生素

维生素是人体所必需的一类有机化合物，它参与调节和维持机体的代谢过程，人体内所进行的各种生化反应都是在酶的催化作用下进行的，而许多维生素是酶的辅酶或者是辅酶的组成分子。

维生素通常存在于天然的食物之中，不能在人体内合成或合成的数量非常少。因此，必须从食物中摄取。维生素有着非常多的种类，可以通过摄取不同的食物，从而有针对性地补充某种或某几种维生素（表5–1）。

表5–1　不同维生素的食物来源

维生素	作用	食物来源
维生素A	预防夜盲症、眼干燥症；促进生长发育，增加抵抗力；促进骨骼发育。	动物的肝脏、鱼肝油、鱼卵、奶油、禽蛋等。
维生素B_1	影响代谢过程；保持消化、循环、神经系统和肌肉的正常功能；预防脚气。	动物的心脏、肝、肾、脑、瘦猪肉、蛋类，植物中的谷类、豆类、干果及硬果、酵母中。
维生素B_2	辅酶的组成部分，促进生长发育，保持皮肤和眼睛的健康。	动物的内脏、蛋和奶，豆类的新鲜绿叶菜。
维生素C	促进人体生长，增强抵抗力，促进伤口愈合。	新鲜蔬菜和水果。
维生素D	增进人体对钙和磷的吸收和利用，促进骨骼生长。	肝脏、鱼肝油、禽蛋等。
维生素E	维持正常生殖能力和肌肉代谢；提高肌肉耐力和力量；增强循环、呼吸系统功能。	麦芽、植物和绿叶蔬菜。

（五）矿物质

矿物质又称无机盐，是维持人体生命活动的重要元素，矿物质在身体维持生理系统活动的过程中起到不可替代的作用，还是重要的强化骨骼和肌肉、神经系统的元素。人体自身不能产生矿物质，需要从食物中获取，人体每日必需的矿物质包括钙、镁、钾、钠、磷、硫、氯七种元素，这些元素被称为常量元素，人体对常量元素的需求量大约为每日1克；另外人体还需要铁、铜、碘、锌、锰和硒等“微量元素”，人体每日对微量元素的需求量从百万分之几克（以微克计）到千分之几克（以毫克计）不等。以下是人体获得矿物质的主要来源。

1.钙

钙的主要食物来源有蛋黄、乳类、小虾皮、海带、芝麻酱等。

2.铁

食物中铁的主要来源有动物肝脏、肉类、蛋类、鱼类和某些蔬菜等。

3.碘

碘主要存在于海带和鱼类等食物中。

4.锌

锌的主要食物来源有猪肉、牛肉、羊肉和其他鱼类、海产品。

（六）水

水是经常会被忽视或者轻视的一种重要营养物质，水占人体体重的大约70%，发挥着非常重要的作用。如果人体失水达到10%左右就会出现生命危险，因此在运动健身的过程中要注意及时补充水分。水在人体中为新陈代谢等过程提供了良好的环境，从而促进呼吸、消化、吸收和排泄等物质代谢；水还可以改善肝脏的功能，降低食欲，有利于脂肪转化成能量；水还具有润滑的作用，如眼泪、唾液、关节滑液和浆液等；水还具有调节和维持体温的作用。

正常成人每日需要摄入不少于2 500毫升的水。其中有一部分是从食物中获得，大约为900毫升，除此之外，人体每日还需额外补充1 300～1 500毫升的水分。老年人的新陈代谢逐渐减弱，这时候就需要增加饮水的频率，每次轻饮少量的水，可以起到促进新陈代谢的作用。老年人的吸收和消化功能逐渐衰退，对营养的吸收较弱，因此，在健身中更应该重视各种营养的补充。

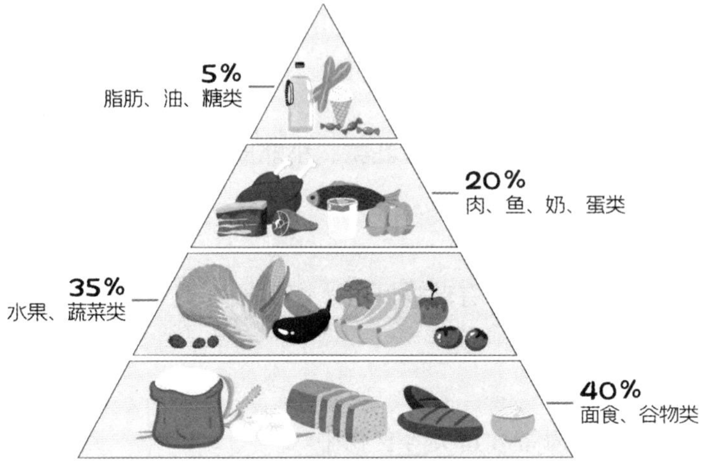

图5-1　人体健康饮食金字塔

二、老年人体育锻炼的膳食营养

老年人的体育锻炼要结合膳食营养的搭配，根据自身身体情况，比如一些糖尿病患者、高血压患者或者肝脏、肾脏有功能性损坏的老年人，尤其应该注意科学搭配膳食，促进身体免疫力的提升，以及减轻病痛的困扰。

（一）合理膳食的原则

（1）每人摄入的食物争取做到多样化和均衡化，以保证每种重要营养物质都有摄入。老年人应选择易于消化和吸收的食物，少食多餐。

（2）营养比例要合理，将相互促进吸收的食材合理搭配，用餐时间、食物种类上应有所区别。

（3）养成良好的饮食习惯，勿食生冷油腻的食物，不要暴饮暴食，限制盐和油脂的摄入。

（4）合理安排运动与进食时间。

（二）合理膳食的配制

（1）老年人应优先选择食物纤维丰富的主食，如全麦馒头、糙米饭、玉米、红薯等，应少食不易消化的糯米类如年糕、汤圆等。

（2）多吃各种新鲜蔬菜和水果。

（3）每日要适量摄入动物性蛋白和植物性蛋白。

（4）饮食忌单调，应经常变化食谱和菜谱，增加营养摄入的种类，尝试不同风味的菜肴。

（5）结合健身项目和身体情况，有针对性地补充营养剂。

第二节　老年人体育锻炼的运动疲劳与恢复

老年人锻炼后容易感到疲劳，这是正常的生理现象，但是可以通过科学地选择锻炼方法，将运动疲劳控制在可接受的范围内。另外，还可以学习和掌握一些运动疲劳恢复的方法，缓解疲劳的症状，并促进疲劳的快速消退。

一、疲劳产生的本质与原因

（一）疲劳产生的本质

机体经过一定时间和一定运动强度的运动后，自然会产生疲劳的感觉，这是机体自我保护的一种机制，属于正常的生理反应。随着运动的进行，机体不断地消耗能量，同时代谢物也在不停地堆积，这就是疲劳产生的本质。但是正常范围内的疲劳是不会损害机体的，但是出于对机体的保护，身体相应的功能会出现暂时性的下降。

（二）疲劳产生的原因

运动疲劳产生的原因有很多种，比如运动中的代谢产物形成堆积而产生的疲劳；由于运动中机体内能量的过度消耗而产生的疲劳；长时间运动时出汗过多导致体内电解质失衡，使机体内环境不稳定而产生的疲劳等。

图5-2　疲劳产生的原因

二、老年人运动疲劳的处理

（一）老年人运动疲劳的延缓

长期进行健身锻炼的老年人应该对自己身体的反应比较敏感，也掌握了一些节省体能的小方法，这是最有效的延缓疲劳的方式，延缓疲劳可以延长锻炼时间，让锻炼效果更加明显。因此，多掌握一些延缓疲劳的方法对促进老年人的锻炼效果具有积极意义，以下是几种有效的常见方法。

1.长期参加健身锻炼

长期参加体育锻炼，可以逐渐增强身体的各项机能，使肌肉更有力量、关节更加灵活、心肺功能和代谢系统更加强健，这是延缓运动疲劳最根本的方法。

2.合理安排锻炼内容

合理地安排锻炼内容，可以有效地控制体力使用以及能量消耗的节奏，从而控制疲劳能够相对缓慢地出现，为锻炼争取更多的时间。因此，老年人可以科学安排自身锻炼内容，使运动过程舒缓有度，从而避免因局部负担过重而产生疲劳感，比如可以交替进行不同的运动项目，使身体的不同部位先后得到锻炼，并且使各个部位的运动符合生理变化，也能有效地控制疲劳的产生。

3.心理活动、情绪状态也会影响疲劳的产生

比如在心情愉悦的情况下，运动起来就更有动力，而在感到消极低落时，运动的时候也会有无力感。因此，老年人应保持积极乐观的态度，可以经常做冥想调节压力，长期保持心情舒畅更有利于锻炼，有效减缓疲劳的产生。

4.合理饮食

在饮食中加入适当的蛋白质，尤其是运动后，可以饮用运动饮料，以缓解身体电解质的失衡，运动前两小时内补充少量的糖类食物等，都是减缓疲劳的好方法。

（二）老年人运动疲劳的消除

1.改善代谢法

改善代谢法是指通过整理活动、水浴、蒸气浴、按摩等方法，来达到放松肌肉的目的，改善肌肉的血液循环，从而促进运动代谢物质的排出，帮助老年人减轻疲劳感。

2.理疗法

理疗法是指借助一些生物治疗仪器来促进血液循环的方法，可以促进营养物质的吸收，加速代谢物质排出体内，从而达到消除疲劳的目的。

3.充足的睡眠

睡眠是天然的最佳缓解疲劳的手段，在大量的运动后，舒服地睡一觉，是最有效、最经济的缓解疲劳的方法。因为人体在睡眠时，大脑皮层的兴奋度最低，机体的合成代谢最旺盛，这有利于体内能量的蓄积。

但是老年人容易神经衰弱，有时候过度兴奋会引起失眠。因此，老年人应有意识地控制自己的心情，不要大悲大喜，常怀释然之心。

第三节　老年人体育锻炼的运动损伤与处理

老年人在运动中出现腰部、腿部或者踝关节的扭伤时有发生，因此有必要了解一些常见运动损伤的发生原因和处理方法，以备不时之需。

一、擦伤

擦伤主要是指皮肤表面受挫，特别是当在突发外力下皮肤与表面粗糙的物体发生摩擦所致。

症状：

擦伤一般分为表皮剥脱、受伤部位皮肤出血或者有组织液渗出。

处理：

一般情况下，较轻微的擦伤只要用清水或者生理盐水冲洗伤部，涂抹红药水或者贴上创可贴即可；如果是较深的擦伤，用生理盐水清洗伤口后，涂抹红药水，再用消毒纱布进行包扎，同时避免伤口沾水以引起感染。

三、拉伤

拉伤是指肌肉受到强烈外力的牵拉，导致肌纤维撕裂或者完全断裂的状况。尤其是在准备活动不充分的情况下，突然使用大力进行运动时，最容易出现拉伤。

症状：

拉伤最明显的症状就是疼痛、肿胀，甚至会出现肌肉僵硬和痉挛等现象，因此，间接地还会带来局部的功能障碍。

处理：

发生拉伤时，应立即采用氯乙烷镇痛喷雾剂等进行局部冷敷，然后加压进行包扎，并让受伤处的肌肉保持松弛的状态并进行休息，以减轻伤者的疼痛。如果拉伤严重，部分肌纤维全部断裂，就需要送医手术治疗。

四、撕裂伤

撕裂伤主要是指皮肤和皮下组织被撕裂，如果仅仅是皮下组织被撕裂，就属于闭合性撕裂，否则属于开放性撕裂。

症状：

闭合性撕裂时会有凹陷感与剧烈的疼痛感。开放性撕裂则会有出血现象。

处理：

对于不严重的闭合性撕裂，涂抹红药水即可。如果是开放性撕裂，且伤口较大，在消毒后需要用纱布等覆盖住伤口，避免感染和进一步撕裂，但是如果伤口较大，流血较多，则应及时送医治疗。

五、关节扭伤

关节扭伤是指关节发生异常的扭转，并造成关节囊、关节周围韧带与关节附近的其他组织结构损伤。

症状：

关节扭伤后会有疼痛伴有肿胀的现象，而且关节活动受阻，一般会持续一周以上才能慢慢恢复正常活动。

处理：

关节扭伤后，最重要的是先检查韧带是否有撕裂等现象，如果韧带只是拉伤，没有撕裂或者断裂，进行冷敷、止痛处理即可。然后让患者慢慢休养，但是若发生韧带撕裂等较为严重的情况，应立即送医治疗。

六、关节脱位

常见的关节脱位有肩锁关节、肩关节以及肘关节的脱位。

症状：

关节发生脱位时，会有疼痛感，严重时会有关节囊撕裂以及关节周围的软组织损伤、破裂，表现为局部不能活动或出现畸形。

处理：

关节脱位后，应尽快送医院治疗。

七、骨折

骨的完整性遭到破坏称为“骨折”。骨折有闭合性骨折和开放性骨折两种，无论哪种都应立即送医。如果是开放性骨折，还应注意保护伤处不受感染。

症状：

骨的完整性受到破坏，患处活动受阻，如果是闭合性骨折，患处有明显的变形。

处理：

尽可能不要移动伤肢，避免增加受伤的程度，应该尽快对伤肢进行固定，限制骨折断端的活动，并立即送医。

第四节 老年人常见病的体育运动干预

一、感冒

感冒是一种常见的季节性疾病，经常在换季时高发。感冒的主要症状是鼻塞、流鼻涕、嗓子痛、头痛、全身酸痛，伴有失去味觉和嗅觉等，有时还伴有咳嗽，在一定程度上会影响人们的生活质量。因此，老年人在锻炼后，尤其是大汗淋漓之后，一定要注意防风保暖，避免被感冒侵袭。

（一）体育疗法

1.起落呼吸操

起落呼吸操是指借助身体的起落动作，调节呼吸，通过刺激肺部的换气功能来有效缓解感冒的不适症状，尤其对鼻塞、咳嗽有明显效果。练习时吸气、屈肘，两小臂平行举至身前与胸齐平，呼气时两腿下蹲，两臂下落至膝部两侧，反复进行。

2.散步

选择空气质量好的时候，在花园、树林或者海边这些自然景观优美且空气清新的地方散步。可以根据自身体力情况稍加快步伐，促进肺部换气，以缓解感冒的症状。

3.太极拳、太极剑

采用一些简单的气功调息、吐纳方法，进行太极拳、太极剑的练习。

（二）注意事项

（1）锻炼时容易出汗，因此要穿着速干或排汗性能好的运动服装，做好保暖，必要时戴上帽子和手套；

（2）坚持规律的、高频的户外运动是抵抗感冒困扰的有效方式，有些经常冬泳的老年人几乎不会感冒；

（3）养成四季用凉水洗脸的习惯，对预防感冒具有积极作用。

二、神经衰弱

神经衰弱是常见的神经官能症，主要是由于大脑皮层的机能暂时性失调导致。过于疲劳或者长期精神负担重等都容易引起神经衰弱。神经衰弱的症状一般分为亢奋性症状和衰竭性症状两种。亢奋性症状的表现有情绪不稳定、易激动、注意力不集中、睡眠浅；衰竭性症状的表现有嗜睡、易疲劳、全身酸软乏力、食欲减退、孤僻、寡言、忧郁、情绪低落等。

（一）体育疗法

（1）对于亢奋性神经衰弱者，可以采用平静的体疗法，如站桩、冥想、瑜伽、太极拳等运动负荷较低的运动方式进行锻炼，可以调节患者神经，有助于患者症状的减轻。

（2）对衰竭性患者，应采用动感更强的体疗方法，比如进行一些简单有趣的游戏性球类活动，或者到大自然中进行徒步、野营等活动，可以借助大自然中草木花鸟旺盛的生命力感染患者，从而让他们感受到勃勃生机，也可以不同程度地缓解他们的症状。比如在树林中徒步，耳边不时传来鸟鸣声，或者听听河边的蛙声，风吹动树叶的哗哗声，都具有很好的治愈作用。并且，在经过一定运动量的锻炼后，也有助于改善患者的睡眠情况。

（3）不论哪种类型的神经衰弱患者，都可以时不时地进行冷水浴，或者用冷水洗脸、擦身、洗头，都能部分地起到调节人体中枢神经系统的作用。

（4）针对不同症状进行自我按摩也是一种有效的手段。比如经常按揉天柱穴和太阳穴，或者掩住两耳，用指弹击玉枕穴，或者按揉涌泉穴、百会穴等。

（5）坚持定时、定量地散步，或者去旅游、改变一下生活环境等都有助于调节神经，缓解症状。

（二）注意事项

（1）不同类型的神经衰弱症状应采用不同的方法进行锻炼。

（2）每一种方法都是促进患者康复的一个手段，不要抱有过度的期待，比如急切地希望快速好转，这反而会增加心理负担，不利于病情的恢复。

（3）患者的生活环境和锻炼环境至关重要，尽量让生活空间宽敞明亮，经常到户外绿化环境好的地方进行锻炼，因为宜人的环境本身也具有一定的治愈作用。

（4）保持适宜的运动量，如果运动量太大，会加重失眠、减退食欲，因此要科学锻炼。

三、慢性肠胃病

慢性肠胃病也是老年人群体中比较常见的症状。实际上，肠胃系统与中枢神经有着密切关联，许多表现为胃肠系统的病症，都与中枢神经系统的调节功能失常有关。因此，有时候治疗肠胃疾病需要采取“头痛医脚”的方式。比如老年人常见的腹痛、嗳气、消化不良等都可以通过调节神经系统而得到部分的缓解。

（一）体育疗法

1.太极拳

坚持练习太极拳不仅可以强身健体，还可以缓解慢性肠胃疾病。但是如果想要得到明显的效果，需要每天坚持练习。

2.按摩

双手重叠于胃部或腹部，依次按照顺时针方向和逆时针方向缓慢而有力地按摩，速度要均匀，要稍稍用力不能只是揉搓皮肤表面。每次按摩坚持10～15分钟为宜。

3.医疗体操

适合老年人的医疗体操包括仰卧蹬自行车，可以交叉进行前蹬和后蹬两种运动形式。另外，还有仰卧位腿部屈伸运动，即人体保持仰卧位后，双腿并拢从水平位置慢慢举起至垂直位置，反复练习，注意保持速度均匀。

（二）注意事项

（1）以太极拳、太极剑等舒缓的运动为主，配合腹部按摩效果更佳。或者定期进行蛙泳，也会对肠胃和腰部起到锻炼作用。

（2）努力做到生活有规律，饮食和作息符合正常的自然节律，少食生冷油腻和刺激性强的食物，注意营养搭配。

（3）保持情绪的稳定，心情豁达，不要和一些琐事纠缠，坚持定期旅行，陶冶情操。

四、肥胖症

老年人生活与活动内容较为单一，而且代谢缓慢，很容易出现身体的发福和臃肿现象。但是，当体脂超过30%，就会增加脏腑的负担，不利于身体健康。因此，老年人要有意识地加强体育锻炼，同时配合饮食来控制自己的体重和体脂，从而拥有健康的体质。

（一）体育疗法

1.耐力性运动

比如太极拳、太极剑、快步走、慢跑、自行车、游泳以及一些健身球、保龄球等运动都是很好的耐力型运动，有助于消耗身体的脂肪，增强机体的新陈代谢。进行耐力训练时，一般要求每次锻炼时间不要少于20分钟，并且随着身体机能的提高，可以逐渐增加到1小时左右。

2.饮食疗法

在饮食方面，应注意低脂、低糖、低盐，同时增加食物中蛋白质的比重，减少精米白面，替代为优质碳水化合物如玉米、红薯，以及含有大量膳食纤维的全麦主食。另外，要避免食用胆固醇高的食物，如动物内脏，避免饭后立即睡觉等。饭后半小时可以散散步，或者做一些轻松的家务劳动，比如浇浇花、遛遛狗，或者洗衣服等，从而避免腹部的脂肪堆积。

（二）注意事项

（1）应定期进行详细的体检，了解身体的基本健康情况，并确定自己是外源性肥胖还是内源性肥胖，进而选择合适的方法进行减肥。

（2）患有心血管疾病的老年人，要遵医嘱进行锻炼。

（3）只有锻炼和饮食结合进行，才能有明显的效果。

（4）做好长期的打算，因为肥胖不是短期内形成的，减肥也需要一段时间才能完成，要持之以恒才能系统地改变身体的各项机能。

图5-3　老年人运动与合理饮食

第五节　老年人体育锻炼的禁忌证与自我监督

体育锻炼能够增强体质，对促进老年人的体质健康有帮助。如果老年人从年轻时就有定期进行体育锻炼的习惯，那么对防治老年病将具有明显的效果。然而，如果老年人没有什么运动基础，且缺乏一定的运动常识，那么则有必要在正式开始体育锻炼之前，对自身的身体情况和即将选择的运动项目做一个全面的了解和学习。下面将针对老年人的锻炼禁忌证和自我监督进行分析。

一、老年人健身锻炼的禁忌证

（一）普通老年人健身锻炼时的禁忌证

1.绝对禁忌证

（1）急性或亚急性疾病期；

（2）发烧、全身症状严重、脏器功能丧失代偿期；

（3）体育锻炼可能发生严重并发症，如消化道、呼吸道出血等；

（4）先天性心脏病，锻炼引起发病。

2.相对禁忌证

（1）进行轻微运动即会引起呼吸困难的慢性肺部疾患；

（2）糖尿病人的胰岛素治疗期；

（3）近期有出血病史；

（4）慢性肾病。

（二）老年心脏病患者健身锻炼的禁忌证

1.绝对禁忌证

（1）未得到控制的充血性心力衰竭；

（2）近期发生过心肌梗死；

（3）活动期心肌炎或心包炎；

（4）不稳定型心绞痛；

（5）近期发生过体循环、肺循环栓塞。

2.相对禁忌证

（1）未得到控制的室性心动过速；

（2）心室壁瘤；

（3）中度主动脉瓣狭窄；

（4）病理性心肌肥大；

（5）安静时心动过速，心率高于每分钟110次。

二、老年人健身锻炼的自我监督

（一）自我监督的意义

老年人参加体育锻炼时，要具备自我监督的意识和能力，所谓的自我监督，就是自己有意识地随时对自己的身体、心理和情绪有着很好的觉察，比如在锻炼过程中，能够对心跳、呼吸、肌肉的疲劳感觉以及情绪的状态有较为准确的察觉和判断。在具有上述相关觉察能力的基础上，养成连续观察并定期记录锻炼日记的习惯。这些锻炼日记可供本人和医生参考，尤其是有一些基础病或者慢性病的老年人，做好自我监督具有积极的意义。这些体育锻炼的自我监督是反映老年人机体情况的最直接的资料，对于评价锻炼效果、调整锻炼计划、防止运动损伤和运动意外事故的发生有着重要的价值。坚持自我监督还会令老年人对自身的锻炼效果有着直观的感受，从而增强自信心，使老年人主观地、更加积极地参与锻炼，并从中得到一定的成就感，而不是被动地、依从性地锻炼。

（二）自我监督的内容和方法

自我监督包括主观感受和客观指标两部分。

表5-2　老年人健身锻炼自我监督表[①]

主观感受	运动心情	好　一般　差
	运动后自我感觉	好　一般　差
	食欲	好　一般　差
	睡眠	好　一般　差
	排汗	好　一般　差
客观指标	清晨心率	
	运动前心率	
	运动中心率	
	运动后心率	
	心率恢复时间	
	体重	
其他		

1.主观感受

主观感受是一种综合性的对自身身体和心理状况的直接反应。一般可以从以下几方面具体分析。

（1）心情

最理想的心情状态应该是精神饱满的，对参加体育锻炼有期待，有强烈

① 邓树勋，肖渝滨，林建棣.老年人体育健身指南[M].广州：华南理工大学出版社，1999.

的主观意愿。较差的状态是慵懒、懈怠、退缩，坚持运动感觉有压力、有困难，即使参加运动，也难以集中注意力，四肢乏力，导致动作变形或者不到位。有时甚至会感到头晕、烦躁，想尽快结束锻炼。

（2）运动后感觉

在身体和心情都良好的状态下锻炼后，身心会有舒畅感，锻炼的部分略感疲惫，但并不影响正常的生活和工作，这些都是运动后正常的反应。但是如果经过休息之后仍然疲倦，并且感到精神不振，说明运动负荷可能超过现有身体所能负担的范围，应酌情减少运动量。

（3）食欲

在适当的体育锻炼之后，刺激了身体的新陈代谢，有助于老年人的消化系统的运作，能够增强食欲。但是，如果运动量过大，又会影响正常的食欲，有些老年人在锻炼后反而感到没胃口，此时也应该调整运动计划，降低运动负荷。

（4）睡眠

适量的运动有助眠的作用，不仅能让老年人入睡快，而且睡眠质量也较高。有不少老年人都被失眠困扰，而且起夜后难以入睡，长期下来对健康非常不利。如果老年人能坚持一段时间规律的、适量的体育锻炼，将会对睡眠有很大的改善，有了充足的睡眠保证，会让人神清气爽，在生活和工作中也更有精力和干劲。

（5）排汗

随着运动的进行，身体会出现发热、排汗的情况，无论冬季还是夏季，这都是正常的反应。但是，如果老年人发现自己只要稍有动作，比如简单的准备活动也出现大汗淋漓的情况，提示机体过劳或体内某些脏器功能不良，应引起重视，可安排体检或进行中医调理。

2.客观指标

（1）清晨心率（或脉率）

老年人应养成每天测量自己的基本身体指标的习惯。比如每日清晨测量心率、血压、血糖等，并作记录。对于坚持体育锻炼的老年人而言，测量心率十分有必要。一般情况下，晨脉应该是基本稳定的，有些老年人经过一段时间的认真锻炼，也会出现晨脉稍有下降的趋势，这是身体体征愈发健康的表现。但是如果出现晨脉次数增加，比如每分钟增加10次左右，那有可能是运动量过大所致。

（2）运动前心率

如果老年人长期坚持体育锻炼，其运动前的心率水平是基本稳定的。但如果发现运动前心率过高，可能是身体出现病理性变化，应暂停锻炼，在排除疾病的可能性之后再继续开展。

（3）运动中心率

运动生理学把能获得最佳效果并能确保安全的运动心率称为靶心率，一般而言，成年人在进行体育运动时，为了不断提升自身的体能和运动技能，会根据靶心率来进行训练。但是，老年人进行最大心率的运动会有一定的危险性，因此，在体育锻炼中可以通过检测运动中的心率来控制身体机能的变化。以下是我国上海瑞金医院提出的计算方法及由此得出的靶心率，可供老年人参考（表5-3）。

表5-3　中国老年人按年龄推测的最大心率及健身锻炼时的靶心率

性别	年龄（岁）	最大心率（次/分钟）	靶心率（次、分钟）
男	60	178	106 ~ 151
	70	171	102 ~ 145
	75	167	100 ~ 141
女	60	175	105 ~ 148
	70	167	100 ~ 141
	75	163	97 ~ 138

（4）运动后心率

通过运动前后心率的变化，可在一定程度上反映老年人的锻炼效果和体质的基本情况。

①体质较好者

体质较好的老年人，在运动后心率增加，但差值不会超过60，即如果运动前心率为120次/分钟，运动后不会超过180次/分钟；

②体质中等者

体质中等的老年人，在运动后心率增加，但差值不会超过40，即如果运动前心率为120次/分钟，运动后不会超过160次/分钟；

③体质较弱者

体质较弱的老年人，在运动后心率增加，但差值不会超过20，即如果运动前心率为120次/分钟，运动后不会超过140次/分钟；

（5）心率恢复时间

一般运动后6分钟，心率应恢复至110次/分以下。

（6）体重

正常情况下，老年人的体重指标是相对稳定的。如果常年不运动的老年人突然进行规律的运动，那么在刚开始锻炼的时候可能会出现体重的轻微下降。随着身体适应了运动量之后，就会慢慢恢复或者稳定在当前的水平。如果体重出现明显的下降或者增加，可能有严重的疲劳或其他消耗性疾病。因此，老年人应定期测量体重，比如每周或每月测一次。

（7）血压

很多老年人都有血压高的疾患，坚持每天测血压，是一项重要的健康管理内容。如果发现晨压较平常升高20%以上，有可能是运动过度或是其他病理因素影响，应引起重视。

（三）运动期间注意安全

老年健身者在运动过程中一定要加强自我保护，做好防护措施，保障健身效果和自己的人身安全。老年人参加体育健身活动，以增进健康、休闲娱乐、结交朋友等为主要目标，因此不要过分在意胜负，不要为了突破运动成绩而产生很大的心理压力，盲目增加运动量来提高运动成绩，这是不可取的。在运动中尤其要注意进行自我监督，若有不适症状，应暂停运动，及时处理，不要强撑。

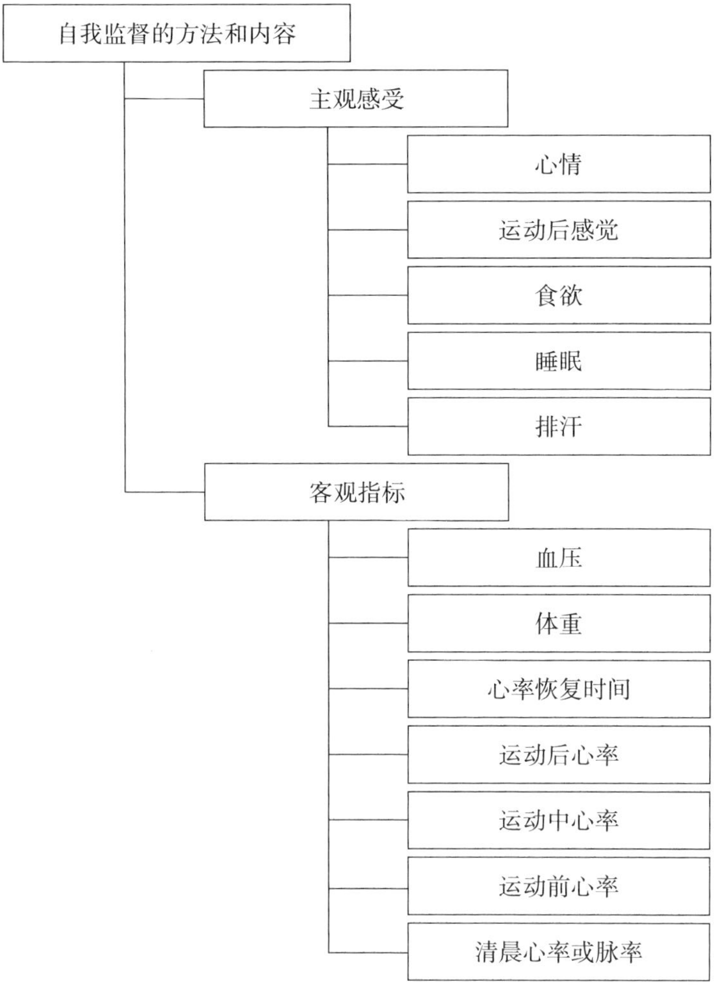

图5-4 自我监督的基本内容

1.呼吸困难时的安全事项

有些老年人在体育健身过程中总是感到呼吸困难，甚至刚开始锻炼几分钟就有这种感觉，因为呼吸不顺畅，所以难以坚持锻炼。要克服呼吸困难，就要坚持循序渐进的锻炼原则，从小强度锻炼开始，再向中等强度、大强度过渡，由小到大安排运动负荷。

如果胸闷气短症状明显，暂时停止锻炼，自然散步，调整呼吸，呼吸恢复正常后再进入运动状态，但依然要从小强度的锻炼活动开始。如果调整呼吸后依然不能保持良好的运动状态，则考虑是否与运动强度超出自身机体适应能力有关，此时需要将运动强度降低到适合自己的水平。

2.胸闷、胸痛时的安全事项

胸闷、胸胀、胸痛是大众健身中比较常见的现象，这是典型的气管痛或心疼痛症状，由冷空气刺激或心脏血液供应不足而引起。如果出现这些不适症状，要停止运动，增加间歇时间，待不适症状消失后再继续运动。在休息的同时注意调整呼吸，通过呼吸来放松身心。在户外恶劣气候环境下运动要注意佩戴口罩，防止呼吸道受到不良空气的刺激。

第六节　老年人体育与健康管理

一、老年人体育运动的市场

老年人进行体育锻炼的内容较为集中，特点也较为明显，这些都是管理老年健康市场的有利条件。

（一）以休闲健身为主要内容

老年人的体育锻炼内容较为集中，比如散步、健身走、慢跑、跳舞、太极拳、太极剑、爬山、羽毛球、乒乓球、游泳等一些大众休闲项目。这些项目开展起来不受场地、器械的限制，除了游泳之外，可以自由选择锻炼的地点，因此具有较强的自主性和经济性。老年人大多喜欢进行户外运动，而且这些运动项目很少有器材的损耗，运动成本低廉，这也是促进老年人积极开展体育锻炼的有利因素。

（二）以集体活动为主要形式

就我国当前社会阶段的特点来看，退休或者退耕的老年人基本上都回归家庭，很少有社会组织性质的活动。因此，为了弥补社会关系简单这一遗憾，更多的老年人都选择集体性的体育锻炼内容，比如结伴打球、跳舞、爬山等，因此，老年人的健康管理工作应着重以群体为基本单位进行构建。比如国家在开展全民健身运动时，应考虑到老年人的这一需求，在开辟公共健身区域时，可以更多地以群体性活动作为设计的基本依据。包括在社区预留较宽敞的广场，在居民聚集区建设一些小型的羽毛球场地或者乒乓球场地等，为老年人的体育锻炼创造环境条件。

二、老年人健康管理

（一）老年人健康管理的含义

健康管理是指对个人或人群的健康危险因素进行全面检测、分析、评估以及预防的全过程，宗旨是强调个人及集体的积极性，有效地利用有限的资源来实现最大的健康改善效果。作为一种服务，健康管理的具体做法是对个人健康状况动态变化信息进行评价和为个人提供有针对性的健康干预指导，让大众有条件和机会采取科学行动来改善自己的健康状况。

老年人健康管理是指对老年个体或老年群体的健康状况进行全面监测、分析和评估，目的是帮助老年群体了解自身的健康状况，并对影响健康的危险因素进行控制和管理，从而有效地控制疾病发生或减少疾病带来的并发症，通过主动改善健康状况来提高老年人的生活质量，延长老年人群体的寿命，减少社会医疗资源紧缺的压力。

（二）老年人健康管理的作用

1.缓解人口结构改变的问题

我国已经迈入老龄化社会的初期阶段，因此，对老年人的健康管理将成为国家发展战略的重要内容之一。随着老年人口比重的不断提高，为了社会发展的顺利过渡，减少因人口结构变化而带来的生产减缓、生育下降、消费降低以及医疗资源紧缺、教育资源过剩等社会问题，国家需要根据我国的实际情况，针对老年人群体开展宏观的健康管理工作，以缓解以上问题带来的影响。

2.开发低龄老年人力资源

通过开展对老年群体的健康管理，可以从结构上提升我国国民的健康指数，可以减缓老龄化社会带来的诸多冲击。随着老年人健康管理工作的逐渐成熟，老年人的健康情况也会随之得到整体改观。一方面，老年人的衰老速度变慢，也就意味着可以延迟退休年龄，这有助于低龄老年人再就业，从而为社会人才短缺做出一定的贡献。另一方面，在老年人健康指数提高的前提下，国家可以将低龄老年人力资源作为社会生产建设的一个稳定力量来规划，对于应对我国老龄化社会危机而言，这无疑是一个非常有效的手段。同时，还缓解了国家的养老压力、医疗压力，对刺激内需也有一定的积极影响。这样，我国也将迎来人力资源模型从年轻型向中年型甚至老年型的转变，从而弥补我国人力资本缺口，缓解人才危机。

三、老年人体育与健康管理的范畴

老年体育与健康管理属于健康管理的范畴，是健康管理的重要组成部分，具体包含以下几个方面的管理内容。

（一）健康评估档案

老年人记忆力衰退，表达、认知能力也有不同程度的下降，医生问的许多问题都难以准确回答，这就给医生诊治带来了很大麻烦。此时，一个详细的健康档案就可以解决这些问题，它可以让医生更仔细、全面、准确地了解老人的身体状况，从而更有效地诊断、治疗或者指导老年人自我保健康复。

健康评估档案记录一个人生命体征的变化以及自身所从事过的与健康相关的一切行为与事件，具体内容主要包括个人的生活习惯、过敏史、既往病史、诊断治疗情况、家庭病史及历次体检结果等。它是一个动态连续且全面的记录过程，通过其中详细完整的记录，为每个人提供全方位的健康服务。

（二）健康机能指标检验

健康机能指标检验可以解决个体运动能力指标和生物物理指标的快速、动态、廉价测试问题，实现对个体机能指标体系中各参量的变化量的监测和分析管理。身体机能测试系统可检测五大指标体系：身体形态、肌肉力量、心血管代谢、身体灵敏与协调控制以及运动心理。

（三）心理与精神健康管理

老年心理健康是指个体内部心理过程和谐一致以及与外部环境适应良好的心理状态。具体表现在认知功能正常、情绪积极稳定、自我评价恰当、人际交往和谐、适应能力良好。老年人群中广泛出现的“离退休综合征”“空巢综合征”等都是由于老人心理自调不足、家庭温暖不够、心理健康问题得不到重视，最终引发的心理疾病。有关研究显示，老年人心理健康与其身体健康、居住环境、社会参与度、社会文化氛围和养老保障情况密切相关，还与其所在地区的经济发展水平相关，社区给予一定的支持、护理和心理干预，可以有效地提高老年人的心理健康水平。

（四）生活方式管理

生活方式管理是通过健康促进技术，比如行为纠正和健康教育来保护人们远离不良行为，减少健康危险因素对健康的损害，预防疾病，改善健康。生活方式与人们的健康情况息息相关，良好的生活方式可以消除或减少健康危险因素，从而减少许多疾病的患病风险。在实践中，可以运用健康教育、激励、训练和推广健康行为等方式来促进人们改变生活方式。

（五）慢性病管理

老年慢性病的管理包括疾病预防、治疗、护理的全部过程。研究显示，影响老年人慢性病患病率的因素有年龄、吸烟情况、体重指数、精神状况、体育锻炼情况等，干预或控制这些因素可以有效地预防慢性病的发生、发展。许多研究表明，社区卫生服务对于慢性病的防治具有重要作用，例如社区健康教育、社区家庭访视护理、社区医生随访监测等，都能够有效地降低中老年人的慢性病患病率。目前，也有许多疾病管理研究项目，如糖尿病管理、心脏病管理等，已经制定了相应疾病的综合防治策略。社区卫生服务机构应建立专业的慢性病防治护理小组，根据这些慢性病的管理规范，为慢性病患者提供服务。

（六）健康信息平台

健康管理信息平台可以通过网络在手机上使用，健康信息可以实时共享、随时查询。信息平台的功能包括：

（1）健康体检预约登记；

（2）健康档案查询；

（3）生活习惯调查和评估；

（4）保健计划查询；

（5）随访干预指导；

（6）网上咨询。

目前，有一些新的信息技术可以引入健康管理信息化平台的建设中，如蓝牙生命信息监测器，它可以随身携带，主要被用来监测血压、脉搏等生命信息，监测的结果可以传送到手机的自助健康管理平台上。该平台进行健康信息的采集、健康科普知识的查询并开展自助健康管理，通过网络与健康档案存储平台进行双向、即时的数据传输，从而实现手机携带者同健康管理师的实时通信。

（七）体育指导服务管理

体育指导服务管理是提高老年人体育健身活动科学性的保证。社区与农村老年体育事业要顺利发展，需要有大批掌握社会体育工作和知识技能的人才（社会体育指导员）在社区进行指导服务工作。这一群体是社区与农村体育服务的主要力量，从事健身指导、健身咨询和运动处方等工作，对提高社区老年体育健身活动的科学性具有重要作用。

（八）多途径健康干预方案

多途径健康干预的目的是纠正老年人有害的生活方式。干预的方法是要找出适合个体特征的健康生活方式，并寻找可监控干预执行过程的技术方法，建立干预效果的量化评价体系，从而形成包含测试、评价、干预过程监测、再测试、干预方案优化的循环系统。

我们需要针对个体呈现的不同健康状况特征，从体能锻炼、营养均衡、康复治疗、心理调节和社会行为纠正等方面，研究对症下药的健康干预方法；从动态的个体身体机能测试参数中，抽象出反映运动不足、膳食营养结构不合理、社会行为异常、心理状态异常等亚健康身体状态的特征体系，并综合应用运动医学、营养学、社会学、运动心理学等学科的理论和技术方法。

第六章　老年人科学锻炼项目及方法

老年人参加体育锻炼时应该遵循科学的方法，如此才能获得理想的健身效果。因此，本章将选择一些适合老年人的体育运动项目，对科学的锻炼方法进行详细的讲解，包括走跑类项目的锻炼方法、休闲球类项目的锻炼方法、太极类项目锻炼方法、棋牌类项目锻炼方法以及其他项目锻炼方法五个主题。

第一节　走跑类项目锻炼方法

一、健身走

健身走是老年群体开展健身活动的首选项目，一般包括散步、快走、竞走等，走路是最简单有效的全身性锻炼方式，也是人体最基本的运动方式。因此，锻炼起来非常方便，没有技术或者环境方面的限制。只要结合健身的目的，掌握一些相应的方法，就会收到明显的效果。老年人常常会感到腿脚沉重，或者腰酸腿软，如果能坚持一段时间的健身走，以上问题都会得到一定程度的改善。

常见的、适合老年人的健身走的方法主要包括散步、快步走、倒步走等，以下是对这些方法的具体分析。

（一）散步

散步是一种最为舒缓且方便的健身走方法。健身走运动的主要目的就是通过走步的形式，使全身主要和关节都得到一定的活动，从而达到舒展筋骨、促进血液循环、加快新陈代谢的作用。散步活动量较轻，运动负荷低，可以根据自身的情况进行调节，因此非常适合作为老年人的常规锻炼方式。

因为散步是人体最基本的运动方式，因此没有特别的技能，只要保持正常的身体姿态，穿着轻松合体的衣服，以及一双轻便的运动鞋或者休闲鞋即可。老年人进行散步时，可根据自己平时走路的步频和步幅进行，为了达到良好的锻炼效果，可以在不引起气喘、呼吸急促或心慌的前提下，尽量以较快的速度进行，比如行走速度保持在80～90步/分，每次连续走步至少达到30～60分钟，对于身体允许的老年人，可以保持每日6000～10000步的运动量，长期坚持，效果更好。

（二）快步走

快步走是在散步的基础上，加快步频、加大步幅的走步训练法。一般而言，快步走的步频在130～250米/分之间，身体适度前倾3°～5°，基本姿势为抬头、垂肩、挺胸、收腹收臀。同时双臂配合摆动，手臂的摆幅略大于散步时的摆幅，手臂前摆时肘部成90°，摆动最高不高于胸，后摆时肘部也成90°，注意双臂摆动要有力，并且与步幅节奏保持一致。当步幅增加或者步频增快时，手臂也要随之调整。总之，快步走是以腿部的快速交替运动带动躯干和手臂同时进行运动。另外，摆动双臂还具有保持身体平衡的作用。快步走适用于中老年人和慢性关节炎、胃肠病、高血压病恢复期患者。

在进行快步走练习时应注意以下几点。

（1）以双脚的内侧为准，尽量走出一条直线，不要走八字步。

（2）步速保持均匀，不要忽快忽慢，以每分钟100～120步的速度快速走，或每小时约5千米的速度进行。每次练习的时长要在30分钟以上。

（3）步幅不要过大，以保证步频的快速且安全的切换为宜。

（4）脉搏控制在120～150次/分钟。

（三）倒步走

倒步走是在散步和快步走的基础上，增加新的训练难度的一种健身走锻炼方式。当经过一段时间的锻炼之后，老年人发觉普通的散步和快步走已经可以轻松掌握，难以再有突破的时候，可以尝试进行倒步走练习。倒步走即向后行走，需要老年人具有非常好的灵活性才可以尝试这项练习，因为倒退行走和日常走路的方式截然不同，身体需要克服肌肉记忆，向相反的方向运动。因此，通过倒步走练习，可以锻炼到人体的小脑，还可以锻炼大腿后肌群和腰背部肌群的力量，对延缓老年人的脑萎缩，以及提升身体的协调性、灵活性都有一定的帮助。

进行倒步走练习时，一般有以下两种方式。

1.叉腰式倒步走

在叉腰式倒步走时还可以配合按压穴位，有助于补肾壮腰，达到事半功倍的效果。具体的做法是，在倒步走时，双手叉腰，拇指在后放在肾俞穴，肾俞穴的高度与肚脐平行，位于第2腰椎两侧，离开脊柱2横指宽处。练习时，腿部向后走步，同时每走一步，双手的拇指就按压一次肾俞穴，这样倒退行走50步，然后再正向前走50步。当熟练后可以增加到100步、200步，坚持练习，老年人的小脑、四肢以及脏腑功能也会得到加强，因此，叉腰式倒步走是一项非常有益的锻炼方式。但是要注意的是，务必选择路面平整且宽敞的地方进行练习，最好是在体育场或者体育馆的塑胶跑道或者草坪上练习。

2.摆臂式倒步走

摆臂式倒步走时，要注意身体保持挺直、放松，不要含胸，也不要后仰，始终平视前方。双臂自然下垂，沉肩，练习开始时一腿支撑，另一腿屈膝向后迈步，前脚掌先着地，可保持身体的平衡性和稳定性，然后过渡到全脚掌着地，随之身体重心向后移，然后前面的脚以相同步法向后迈进，双腿以均匀的速度交替进行，注意开始练习时，步幅可以较小，等适应了向后走步的形式之后，步幅应保持在1～2脚长。

（四）竞走

竞走中，躯干始终是直立状态（图6-1），也可以稍微向前倾斜，大小臂垂直，左右用力向前后方向摆臂。双脚触地时，脚跟先着地，然后过渡到前脚掌着地，落地时，充分伸直膝关节。在竞走时，要注意通过正确的髋部动作来增加步长。

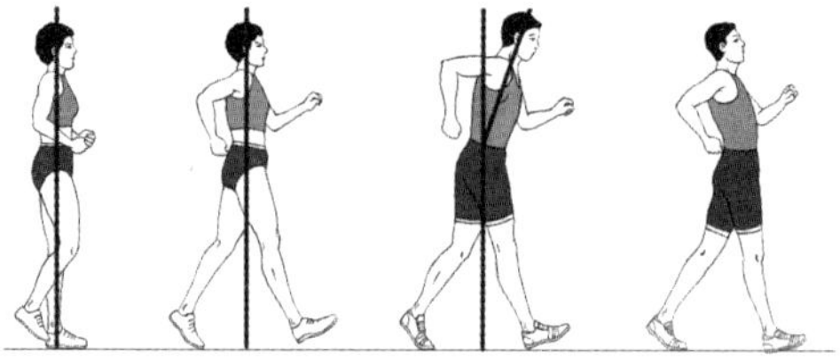

图6-1　竞走

二、健身跑

常见的适合老年人的健身跑项目包括原地跑、慢速跑和变速跑几种形式。

（一）原地跑

原地跑适合在室内进行，比如当天气不好，不适合进行户外运动时，老年人可以选择在室内进行原地跑练习。原地跑还是一种较好的热身形式，在准备运动之前，可以进行2至3分钟的原地跑来激活身体的各个器官。原地跑可快可慢，时间也随自身情况而定，可以跑5分钟，休息1至2分钟再继续，因此，原地跑是一种非常轻松自在的锻炼方式。老年人可以随时随地进行。不过，为了获得较好的锻炼效果，尽量每次原地跑持续进行30分钟为宜。

（二）慢速跑

慢速跑是最基本的跑步运动，跑速可以根据自身的情况自行调节，在练习的时候可以进行定时跑或者定距跑。比如规定一定的跑步时间，或者规定一定的跑步距离，一般选择的时间或者距离应以一次不间断完成为准。刚开始跑步的老年人不必强求速度和时间，可以先找到适合自己的速度，然后以该速度匀速跑一段时间，直到感觉气喘吁吁，不能再坚持时，计量这一次的跑步距离或者时间，然后以此为基础，每两天进行一次练习，每次练习30分钟以上。比如，经过测试，发现自己一次最多可以跑5分钟，那么每次累了休息两分钟，再继续下一次，一共完成6次即可。

（三）变速跑

变速跑练习顾名思义，就是快速跑和慢速跑交替进行。当进行快速跑的时候，肌肉活动激烈，人体需要大量的氧气进行能量代谢，但吸入的氧气无法满足身体需要，此时就会产生氧债，属于无氧运动。当达到一定程度，身体缺氧加大，此时身体有明显的疲惫感，对于老年人来讲，不必追求无氧运动，感到疲倦就可以放慢跑速，转为慢速跑练习。慢速跑时肌肉得到一定的休息，吸入的氧气也能满足身体的需要，此时是有氧代谢过程，坚持长时间的慢速跑，可以很好地提升机体的耐力。变速跑是一种适合体质较好的老年人的锻炼方式。

第二节　休闲球类项目锻炼方法

一、乒乓球锻炼方法

（一）发球

1.正手发上旋球（奔球）

两脚前后站立，持拍手同侧脚在后，上身略微向右偏转，左手抛球，右手腕下垂，向右后引拍。当球落到与网相同的高度时，拇指压拍，手腕向左上方挥动，击球的右侧。击球后，迅速还原（图6–2）。

图6–2　正手发上旋球（奔球）

2.反手发急下旋球

反手发急下旋球时，稍微向后仰拍面，通过手腕发力向前下方弹击，触球时微转，用下旋力使球的第一落点靠近本方台区端线（图6-3）。

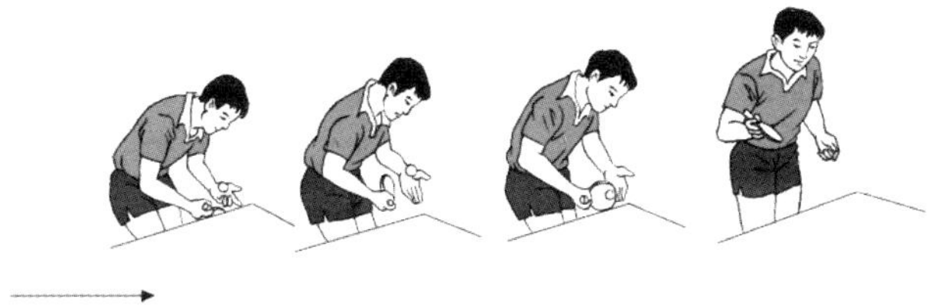

图6-3　反手发急下旋球

（二）接发球

1.接上旋球（奔球）

接上旋球（奔球）可以有多种范式，比如正反手攻球、推挡等，击球时要击球的中上部。

2.接下旋长球

一般而言，接下旋球可以采用搓、削、提拉等方式。

3.接右侧上（下）旋球

接右侧上（下）旋球时，击球点是球的偏左中上（中下）的位置，可采用攻球、推挡等方式。

4.接左侧上（下）旋球

接左侧上（下）旋球时，击球点为球的偏右中上（中下）位置，可以用攻球、推挡等方式回击。

5.接转与不转球

如果还未来得及判断或判断模糊，可轻轻托一板或撇一板，但要对弧线和落点进行重点观察。

6.接高抛发球

接高抛球的要点就是提前向来球的落点方向引拍。

7.接近网短球

接近网短球时，可以采用快搓、快点、台内突击等方式，需要手腕和前臂的协调配合。

（三）攻球

正手攻球技术是乒乓球的基础技术，也是决定后面各项技术掌握情况的关键技术，因此，要想打好乒乓球，必须多加练习正手攻球技术。对于老年人而言，正手攻球也是最常使用的主要技术。

1.正手扣杀

正手扣杀就是手腕与手臂一起向前向下击球的中上位置，扣杀前，手臂向后引拍，以加大击球力量（图6–4）。

图6–4　正手扣杀

2.正手快带

正手快带是指持拍一侧的脚在后，两脚前后开立，身体稍右转，向后引拍，手臂随腰和髋的转动迎前带击，手腕保持不动，以借力为主，在球的上升期击球的中部或中部偏右，击球后及时调整重心并还原（图6–5）。

图6–5　正手快带

3.正手拉攻

正手拉攻时双脚前后开立，持拍侧脚在后。准备接球时手臂向右后下方引拍，拍面稍稍后仰。上臂向前上方挥动，前臂用力向左上提拉，手腕配合手臂向上摩擦球，在球下降期击球的中部，击球后，迅速还原，重心移到左脚上（图6–6）。

需要注意的是，如果对方的来球低或下旋较强时，腰部也要协调发力。

图6–6　正手拉攻

（四）搓球

1.正手慢搓

搓球是指在来球的下降后期，用球拍摩擦球的中下部，形成一个快速反弹的力。准备接球时，两脚稍一前一后站立，击球时，持拍手向前上方用力，同时外旋转腕，略俯身，身体保持平衡（图6–7）。

图6–7　正手慢搓

2.搓转与不转球

在搓转球时，务必要加大击球力度和速度，并且注意拍面要向后仰，使其与球的接触面的角度加大。同样也是摩擦球的中下部，并使其作用力远离球心，形成旋转球。

而搓不转球时，则要减小球拍与球的夹角，击球中下部的同时要给一个向前上推送的力，目的是使击球力接近或通过球心，这样球就不会旋转。

3.劈长

劈长需高处引拍，使球拍高于来球，并且在球的上升后期触球。与一般的搓球动作类似，用前臂带动手腕快速向前下方砍击，由于该动作幅度大，发力也大，身体重心要随摩擦球的方向跟进。

（五）削球

1.正手削追身球

来球在身体的哪一侧，就向哪一侧的上方引拍，抓住球的下降前期击打球的中下部或者中部，且用力向下压球，用以控制球的弧线。击球后手臂快速还原（图6–8）。

图6–8　正手削追身球

2.反手削加转弧圈球

反手削球加转弧圈球时，持拍手要向左后上方引拍，在来球的下降后期用削的动作摩擦球的中或中下部，同时前臂向前下方用力。击球后，手臂随挥，并迅速还原（图6–9）。

图6–9　反手削加转弧圈球

（六）弧圈球

1.正手侧旋弧圈球

正手侧旋弧圈球时须两脚前后开立，持拍手同侧的脚在后。拍面略向右倾，在球的下降期用球拍摩擦球的右中部或右中上部，注意用上臂带动前臂和手腕用力击球，击出右侧上旋球（图6–10）。

图6–10　正手侧旋弧圈球

2.正手高吊弧圈球

正手高吊弧圈球时，两脚前后开立，持拍手同侧的脚在后，当球下降至中后期时，持拍手向后下方引拍，使拍形固定。触球时手腕向前上方加力，同时腰部与下肢也要协调用力，用球拍摩擦球的中部或中上部。击球后迅速还原，重心落在左脚（图6–11）。

图6–11　正手高吊弧圈球

二、羽毛球锻炼方法

（一）握拍

1.正手握拍

以右手握拍为例，左手握球拍中杆，使拍框与地面垂直。然后右手使虎口与拍柄斜棱上的第二条棱线相对，然后握住拍柄，拇指和食指自然地在拍柄两侧的宽面上汇合，其余三指轻松握住球柄，不要死死握住，以便随时调整拍面，注意最后握拍的手形应该是五指与拍柄呈斜形（图6-12）。

图6-12 正手握拍

2.反手握拍

反手握拍是在正手握拍动作的基础上，拇指上提，拍柄向外旋，拇指内侧顶贴在拍柄第一斜棱旁的宽面上，也可将大拇指放在第一、二斜棱之间的小窄面上，食指稍微向下靠，其余三指紧握拍柄，同时拇指前顶发力击球（图6-13）。

图6-13 反手握拍

（二）发球

1.正手发球

发球站位：正手发球时由于用力和挥拍的角度决定了球飞行的距离要短于反手发球，因此站位不宜太靠后。如果是单打，一般发球者可在前发球线的1米距离左右为宜。如果是双打，还可以离发球线更近一些。

准备姿势：双脚前后站立，一般持拍手同侧的脚在后方，另一侧的肩膀侧对球网，抛球的手臂需放松，因而身体重心落在后脚上。发球时，持拍一侧手将球拍引到后侧方向，手臂保持弯曲，发球手夹球并举在胸口高度的位置。准备挥拍时，身体重心移至前侧脚上。

正手发球时，球的飞行弧度较低，飞行距离较短，因此对方的接发球具有一定的局限性，这样对发球一方是埋下进攻战术的好机会，通过接回球时的突击或者扣杀实现进攻。

老年人由于腿脚不是非常灵活，应多以正手发球和回击为主，否则的话，在场上跑动过大，消耗体力很快，而且容易受伤（图6–14）。

图6–14　正手发网前球

2.反手发球

羽毛球的反手发球技术由于力度大、球速快，而且迷惑性也较强，因此受到许多初学者的喜爱。在双打中，利用反打技术更能显现它的优势。对于老年人而言，羽毛球可以很好地加强其四肢的活动，比如在场上前后左右的跑动可以锻炼到腿部肌群，而挥拍动作能使上肢得到充分的锻炼。尤其是反手发球，是很多老年人常用的技法，因为老年人的臂力相对于年轻人有些衰减，但是反手法发球正好可以弥补这一不足。因此，正确掌握反手发球的技巧，可以促进老年人羽毛球技能的提高。一般反手发球可以分为反手发平球、反手发高球和反手发网前球两种。

（1）反手发平球

反手发平球时，双臂放位在胸前，一手持球，距离身体留有较宽裕的空间好让另一手自由地挥拍。挥拍时，手腕在小臂的带动下发力，注意击球的速度要快，要突然发力，拍面要有反压动作。

（2）反手发高球

反手发高球的方法与发平球相似，只是发球时双臂高举，且发出的球可以飞行较远，有一定的弧度，迫使对手向后场退才能接到球，因此战术上可以结合扣杀，争取进攻。

（3）反手发网前球

反手发网前球时主要是为了让球落到与对方场区的前发球线较近的位置，发球时使拍面切削球，网前球由于速度快、距离近，会给对手制造较大的压力（图6-15）。

图6-15　反手发网前球

（三）接发球

1.前场正手接发球技术

前场正手发球需要步法移动准确、到位，发球时右手前臂微屈，外旋半弧形引拍，做好接发球的准备。同时双腿分开以前后位置站立，并上身略向前倾斜，用斜拍面向前摩擦推送击球，用力大小要根据对手所在的位置决定，如果对手站位靠前，可用大力回击，相反则轻轻用力使球过网即可。

2.前场反手接发球技术

前场的反手接发球需要判断出来球的落位，持拍的手臂微屈，内旋半弧形引拍，做好接发球准备。击球时，手腕用力，结合身体前跨步的冲力，用斜拍面快速推动来球，然后快速回到中心位置。

3.后场接发球技术

接发后场球是充分调动腰部和上肢力量的动作，根据来球的位置，可以选择正手接发和头顶接发两种姿势。一般来说，这两种动作都是高举持球手臂，前者在身体右后侧右肩上方，后者在身体左后侧头顶或左肩上方。

接球时上臂外旋，前臂在上臂的带动下后仰回环引拍，右脚支撑体重，做好起跳击球的准备。

（四）击球

1.前场击球

前场击球是羽毛球的基本技术，熟练掌握前场击球是练习羽毛球基本功的重要组成部分。掌握了前场击球技术，有利于采取有压迫性的进攻手段。因此，掌握前场击球技术是获得羽毛球比赛中主动权的重要条件，而且是转被动为主动的重要技术。可以说，在羽毛球击球技术体系中，前场击球技术至关重要。具体而言，前场击球还可以细分为放、搓、推、勾、扑、挑球等技术。

（1）放网前球

一般使用正手放网前球居多，因此这里对正手放网前球进行详细讲解。练习时，正手握拍，身体稍向右侧转，双腿呈前后站立，右脚在前，左脚在后，保持弓步姿势。击球时，手腕在手臂的带动下稍后伸，小臂稍外旋，轻击球托底部，然后快速还原（图6–16）。

图6-16　正手放网前球

（2）搓球

以接高球为例，搓球时争取在高点击球，用球拍的斜面“搓”来球，使球产生旋转，回球落点依旧在对方网前。比如正手搓球时，击球前动作方法与正手放网前球相似。在球拍举至最高点时前臂稍外旋用力击球的底部，并体验“搓”和“切”的动作（图6-17）。

图6-17　正手搓球

（3）推球

推球技术主要是指用拍面与来球正面相对，击球时，尽可能向后引拍，留足推拍的空间，以积蓄力量，找准时机，快速挥动球拍击球（图6-18）。

图6-18　正手推球

2.中场击球

（1）中场抽球

中场抽球是指击球时手腕在前臂的带动下，抽打来球，然后手臂快速还原，重心保持在两脚之间，为下一步动作做准备（图6-19）。

图6-19　中场正手平抽球

（2）半蹲快打

半蹲快打技术主要用于接中场区来球，该技术的特点是来势凶狠，球速快，是一种进攻技术。采用半蹲快打时，站在球场的中场区域，身体呈屈膝半蹲的姿势，持拍手上举准备击球。击球时拍面稍下压，击球托后部。半蹲快打对于有些老年人来讲有一定的难度，因为这一技术对腿部力量和膝关节的灵活度有一定的要求，因此，在练习前应做好充分的热身准备，尤其是膝关节、踝关节和腕关节（图6-20）。

图6-20　半蹲快打

（3）挑高球

挑高球又可分为正手挑高球和反手挑高球两种。

①正手挑高球

正手挑高球是采用正手持拍击打来球的技术，当判断来球的落点后，快速移动上网，身体侧对球网，双脚左右开立，用正手手臂向右前方伸出，外旋小臂，保持直腕。击球时以小臂发力为主挥拍击球。

②反手挑高球

反手挑高球的技术与正手类似，只是以反手方向接球，身体反向侧对球网。相对于正手，反手挑高球的力度更大，击球更远，给对手造成的威胁也更大。

3.后场击球

后场击球技术分为击高远球、杀球和吊球三种。

（1）后场击高远球

高远球落入后场的时候，一般力度被消耗了一半，因此球速减缓，这可以为移动到位争取时间，准备接球时侧身左肩对网，右手持拍，高举过肩，击球时转体收腹，以大臂发力为主，带动小臂和手腕在高点击球（图6-21）。

图6-21　正手击高远球

（2）杀球

最常见的是正手杀球。当接打高球时，如果位置正好在身体上方，则适合采用杀球技术。接球时身体迅速移动调整到最佳位置，然后屈膝，准备起跳接球。挥拍时身体后仰呈反弓形，手臂也随着身体向后引拍，然后借助核心的力量收腹用力，前臂内旋带动手腕快速发力杀球（图6-22）。

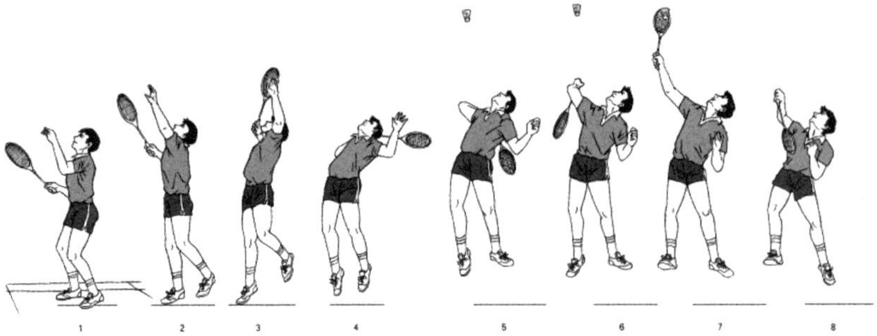

图6-22　正手杀球

（3）吊球

吊球的准备动作和前期动作与正手击高远球基本相同。区别是正手吊球的击球，拍面要稍微向内倾斜，主要击球托的后部和侧后部（图6-23）。

图6-23　正手吊球

球类运动是非常适合老年人娱乐休闲的一种运动方式，是丰富老年人生活的最佳选择之一。因为和其他体育锻炼形式相比，球类运动充满着趣味性，使锻炼过程更加轻松，还能激发老年人的好胜心，这些都是促进老年人加强锻炼、增强体质的有利因素。

第三节　太极类项目锻炼方法

一、二十四式太极拳

太极拳是我国传统的体育形式，在国内外都有众多太极爱好者。练习太极拳不仅能增强体质，还是一种修身养性的有效手段。经常练习太极拳，对促进老年人身心健康具有明显的作用。

老年人开始练习太极拳可以从二十四式太极拳开始，这是一套初级的太极拳套路，非常适合新入门的练习者。二十四式太极拳只有24个动作，因此是对传统太极拳的高度凝缩和提炼，动作规范，套路流畅，熟练地掌握二十四式太极拳对人的气息、身体形态以及力量等都有很大的改善，具有较好的健身功效。

（一）第一组

1.起势

自然站立，左腿向左移动一步，同时两臂平行向前举，双膝稍屈按掌（图5-1）。

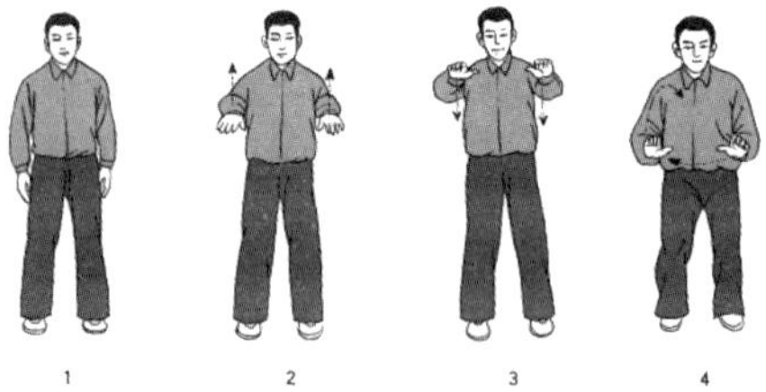

图6-24　起势

2.左右野马分鬃

抱手收脚，转体迈步，弓步分手；转体撤脚，抱手收脚，转体迈步，弓步分手（图6-25）。

图6-25　左右野马分鬃

3.白鹤亮翅

抱手，臀部后坐同时转上体，虚步分手（图6-27）。

图6-27　白鹤亮翅

（二）第二组

1.左右搂膝拗步

放松身体，沉肩，垂肘，弓步推掌（图6-28）。

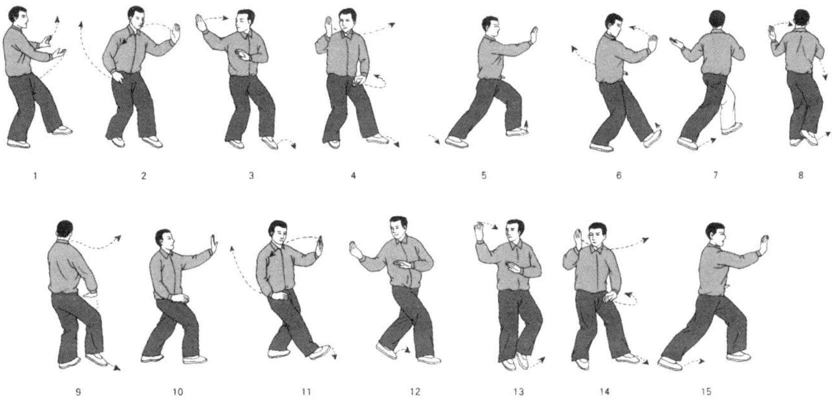

图6-28　左右搂膝拗步

2.手挥琵琶

跟步展臂，身体后坐挑掌，虚步送手（图6–29）。

图6–29　手挥琵琶

3.左右倒卷肱

转体撤手，提膝屈肘，退步错手，虚步推掌（图6–30）。

图6–30　左右倒卷肱

（三）第三组

1.左揽雀尾

转体撤手，抱手收脚，迈步分手，弓步掤臂，转体摆臂，转体后捋，转体搭手，弓步前挤，后坐收掌，弓步前按（图6-31）。

图6-31　左揽雀尾

2.右揽雀尾

转体撤手，抱收脚，迈步分手，弓步掤臂，转体摆臂，转体后捋，转体搭手，弓步前挤，后坐收掌，弓步前按（图6-32）。

图6-32　右揽雀尾

（四）第四组

1.单鞭（1）

转体摆臂，勾手收脚，转体迈步，弓步推掌（图6-33）。

图6-33 单鞭（1）

2.云手

转体扣脚，转体松勾，收步云手，开步云手（图6-34）。

图6-34 云手

3.单鞭（2）

转体勾手，转体迈步，弓步推掌（图6–35）。

图6–35　单鞭（2）

（五）第五组

1.高探马

跟步松手，身体后坐并翻手（图6–36）。

图6–36　高探马

2.右蹬脚

穿掌提脚，迈步翻手，分手弓腿，跟步合抱，提膝分手，分手蹬脚（图6–37）。

图6–37　右蹬脚

3.双峰贯耳

屈膝落手，迈步分手，弓步贯拳（图6–38）。

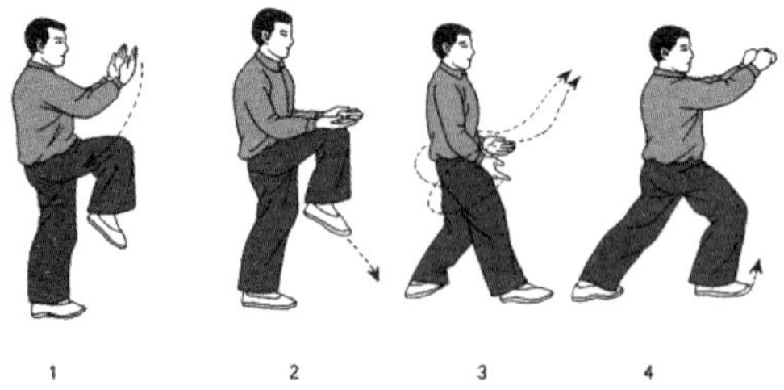

图6–38　双峰贯耳

4.转身左蹬脚

转体分手，收脚合抱，提膝分手，分手蹬脚（图6–39）。

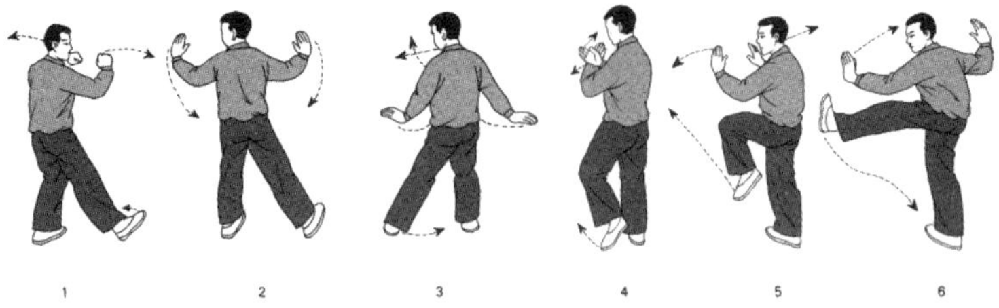

图6–39　转身左蹬脚

（六）第六组

1.左下势独立

收脚勾手，屈膝下蹲成开步，仆步穿掌，弓腿起身，独立挑掌（图6-40）。

图6-40　左下势独立

2.右下势独立

落脚勾手，屈膝下蹲成开步，仆步穿掌，弓腿起身，独立挑掌（图6-41）。

图6-41　右下势独立

（七）第七组

1.左右穿梭

落脚转体，抱手收脚，迈步错手，弓步推架；转体撇脚，抱手收脚，迈步错手，弓步推架（图6–42）。

图6–42　左右穿梭

2.海底针

跟步松手，身体后坐并提手，虚步插掌（图6–43）。

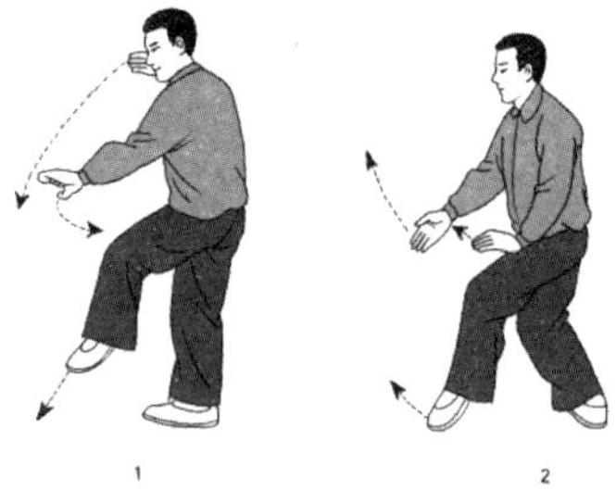

图6–43　海底针

3.闪通臂

提手收脚，迈步分手，弓步推掌（图6–44）。

图6–44　闪通臂

（八）第八组

1.转身搬拦捶

转体扣脚，坐身握拳，垫步搬拳，转体收拳，上步拦掌，弓步打拳（图6–45）。

图6–45　转身搬拦捶

2.如封似闭

穿掌翻手，身体后坐并收掌，弓步按掌（图6–46）。

图6–46　如封似闭

3.十字手

转身扣脚，弓腿分手，转体落手，收脚合抱（图6–47）。

图6–47　十字手

4.收势

翻掌分手，分手下落，双脚并立还原起始姿势（图6–48）。

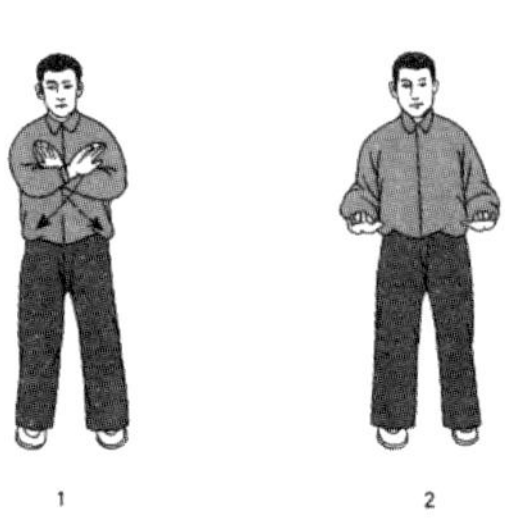

图6–48　收势

二、太极柔力球

太极柔力球是太极化的球类运动，是大众健身项目，适合个人或集体参与。太极柔力球吸收了太极理念，主要表现为以柔克刚、以退为进、以小胜大、以巧击蛮。这项运动以“圆”为核心，整体环环相扣、圆润流畅、延绵不断。太极柔力球是全身性运动，可以全面锻炼肩、颈、腰、腿等身体各部位。而且因为圆形动作复杂多变，充满随机性，所以能对中枢神经系统机能和多向思维能力起到很好的锻炼作用。此外，这项运动的弧形动作有助于保护心脏。太极柔力球可以灵活调节运动量，运动时闪展腾挪，人拍合一，还可以振奋精神，愉悦身心，对老年人身心健康十分有益。下面对太极柔力球基本套路规定动作进行分析。

起势：立正站姿，左手持球向头顶上方弧形抛出，右手持拍在头部右上方将球接住，双手在头顶呈抱圆状，球入拍时，重心降低，左脚向左移动一步。

（一）第一节——左右摆动（2×8拍）

1.动作方法

第一八拍

1～8拍：持拍手臂稍微弯曲，以肩为轴在体前向左、右两侧弧形摆动，下肢固定。

第二八拍

同第一八拍，但要两脚同时向内侧靠近，缩短脚间距。

2.注意事项

（1）摆动的弧形呈一个半圆（开口向上），两边对称，半径相同。

（2）左右拍位与肩齐平，拍尖向前，重心先沉后移。

（3）动作节奏性强，整体圆滑。

（4）由脚到腿、腰依次用力，手臂在腰的带动下完成摆动动作。身体不可过度上下起伏。

（二）第二节——正面绕环（4×8拍）

1.动作方法

第一八拍

1～2拍：持拍手臂在体前弧形摆动。

3～4拍：立拍绕环（顺时针）。

5～6拍：与1～2拍动作相同，反方向做。

7～8拍：立拍绕环（逆时针）。

第二八拍

与第一八拍相同。

第三、四八拍

手上动作同第一、第二八拍，下肢交替向左右并脚。

2.注意事项

立拍在头前正面绕环，弧形要正、圆，要连贯，左右保持对称。

（三）第三节——左右转体（4×8拍）

1.动作方法

第一八拍

1～2拍：两脚分开，微屈膝，两臂抱圆同肩齐高，身体向左右转。

3～4拍：身体左转180°。

5～6拍：与1～2拍相同。

7～8拍：与3～4拍相同。

第二八拍

1～2拍：身体右转180°。

3～4拍：与第一八拍1～2拍相同。

5～6拍：身体右转180°。

7～8拍：与第一八拍3～4拍相同。

第三八拍

1～2拍：左右摆动。

3～4拍：屈膝，向左上步，身体旋转一周。

5～6拍：与1～2拍相同。

7～8拍：与3～4拍相同，但要向右上步。

第四八拍

与第三八拍相同。

2.注意事项

（1）由腰带动全身运动。

（2）由脚到腿、腰依次用力，用力完整连贯。

（3）身体以纵轴为中心左右转动。

（四）第四节——左右小抛（4×8拍）

1.动作方法

第一、二八拍

左右弧形摆动抛球，球沿拍框而离开球拍，然后接球，让球沿着拍框而入，即球的出入要沿着弧形的切线。

第三、四八拍

同第一、二八拍，抛球后翻转球拍180°。

2.注意事项

（1）在摆动两侧与肩齐高处抛接球，球抛出后过头顶。

（2）用旋转的惯性抛球，用力完整连贯。

（3）正确运用“迎、纳、引、抛”技术，以保证动作浑然一体。

（五）第五节——正反抛接（4×8拍）

1.动作方法

第一八拍

1～2拍：左右弧形摆动。

3～4拍：顺时针抛接球。

5～6拍：同1～2拍。

7～8拍：逆时针抛接球。

第二八拍

同第一八拍。

第三八拍

1～2拍：同第一八拍1～2拍。

3～4拍：同第一八拍3～4拍，向左并步。

5～6拍：同第一八拍5～6拍。

7～8拍：与3～4拍相同，向右并步。

第四八拍

同第三八拍。

2.注意事项

（1）技术正确，完整连贯，弧形圆满自然。

（2）拍框对准出球和入球方向再发球、接球。

（3）抛球高度稍过头，持拍臂主动接球。

（六）第六节——腿下抛接（4×8拍）

1.动作方法

第一八拍

1～2拍：左右弧形摆动。

3～4拍：左腿向前踢，从右向左摆动，经左腿下沿拍框向左前上方抛球。接着左脚还原，主动迎球，沿边框引球入拍，向右摆动。

5～8拍：重复1～4拍。

第二八拍

1～2拍：左右弧形摆动。

3～4拍：同第一八拍3～4拍，只是换右腿。

5～8拍：重复1～4拍。

第三、四八拍

同第一、二八拍。

2.注意事项

（1）体前和腿下的抛接球都用正手完成。

（2）体前抛接球时，两腿顺势屈伸，要有节奏感。

（3）身体保持平衡，动作流畅。

（七）第七节——身后抛接（4×8拍）

1.动作方法

抛接动作在身后完成。每个8拍前两拍都是左右摆动，3～7拍时左脚一步上前，同时身体90°右转，从身后向身体左侧抛球，然后在右侧拉回球，同时身体90°右转。

2.注意事项

（1）动作流畅、协调、圆滑。

（2）抛球高度稍过头。

（3）送球不能出现手腕发抖和用拍面向上托球的现象。

（4）沿拍框抛接球。

（八）第八节——整理运动（2×8拍）

1.动作方法

同第一节左右摆动，但要调换脚步移动、并脚的顺序。

2.注意事项

（1）沿拍左边框抛球；手心向前接球，动作柔和。

（2）缓慢还原，收腿直立。

第四节　棋牌类项目锻炼方法

棋牌类一直都是我国老年人业余生活中最重要的娱乐休闲活动。三五个老人聚在一起，一起聊天，一起打牌，是排解孤单、建立融洽邻里关系的重要手段。另外，有些棋牌也可以独自一个人进行，就像拼图和读书或者跑步一样，也可以一个人享受一段恬静的悠闲时光。棋牌类项目除了具有娱乐功能之外，还是重要的益智项目。老年人由于脑细胞、脑神经的衰退导致反应迟缓、健忘甚至失忆等现象，严重影响了他们的生活质量，而且也带来诸多不便。比如阿尔茨海默症成为困扰全球老年人健康的一大杀手。因此，在加强身体锻炼的同时，不能忽视了对脑健康的保养和锻炼。而棋牌类项目内容丰富，是维持老年人脑健康的一个很好的手段。

棋牌类对老年人认知功能的干预效果，在多方面得到证实。包括记忆、语言、视空间、执行、注意、推理、计算等多种特定认知功能。以下重点介绍桥牌和扑克牌的练习方法。

一、扑克牌

扑克牌是一种古老的纸牌游戏，在古今中外都流传甚广，已经发展出无数种玩法，只要是有一副扑克牌，总可以找到一种适合自己的游戏。下面主要介绍几种适合一个人进行的单人扑克游戏，这样如果找不到合适的朋友一起运动或者打牌，那么自己玩上两局也会很有趣。以下以倒梯形游戏为例作讲解。

（一）发牌

倒梯形扑克游戏需要一副扑克牌的52张，因为要拿掉大小王两张牌。游戏开始时，第一排先发7张牌，第一张牌正面朝上，其他几张倒扣在桌面上。第二排发6张牌，第一张牌也是正面朝上，然后压在第一排的第一张和第二张牌之间，之后的牌按照顺序摆好。

然后用相同的方法继续发牌，即下一排的牌张要少于上一排的张数，第一张牌全部正面朝上。然后所有的牌分成7列，第一列1张牌，第二列2张牌，第三列3张牌……第七列7张牌，这样就构成一个倒梯形，一般把这7列牌称为场牌。

（二）游戏规则

玩倒梯形游戏的目的是这7列扑克牌变成红黑相间、牌面逐张递减的顺序，并且最后所有牌都要移动到基牌上，基牌就是4组相同花色的牌，且按照从小到大的顺序排好。

（三）游戏方法

在翻牌的过程中，只要出现A牌，就要马上移动到场牌的上方作为基牌，越早出现A牌，那么就越有利于后面的排序，当形成4个花色的序列后，就使翻牌更加明确。在场牌发完并排列好之后先检查是否有A牌，如果有那么要放在场牌的最上方，其他的牌则按顺序移动，小牌在下，大牌在上，红黑两色交叉摆放，形成递减顺序。如果牌面的数字是按顺序由小到大排列的，就可以整串移动。在所有的场牌中，只有每一列的顶牌才能与基牌相连接，也就是说把这张牌移到基牌上方。

然后，只有当正面朝上的牌拿开后，才可以翻它后面的暗牌，翻开后首先要寻找是否有可以与之串成一列的牌，如果有可以拿走排序，然后就能够再翻一张新牌，继续游戏。但是，如果场牌中已经不能再继续排序的话，就可以翻手里的牌。但并不是可以无限地翻下去，最多只能够连续翻3圈，如果翻了3圈依然无法形成序列，那么本局就算失败了。

翻手牌也不是按顺序一张一张地翻，而是第一圈要3张翻1次，第二圈2张翻1次，第三圈1张翻一次。翻过来的牌只能用最上面的第一张牌，其他的牌不能动，但是这样可以让游戏者知道手里有哪些牌，在哪些位置，然后根据需要，让它作为场牌或者基牌来使用。可以记下这些信息，以备排序时根据需要翻手里的牌，这就是锻炼记忆力和分析能力的地方。经常玩倒梯形游戏，可以很好地促进老年人保护记忆力，延缓脑萎缩。

二、桥牌

桥牌的玩法较为复杂，这里只简单介绍基本的游戏思路。桥牌中，一般由4个玩家一起进行，通过叫牌的方式找到最佳定约为胜。4家通过相互竞争叫牌，以便找到最佳定约。叫牌的目的一个是增强同伴间的配合，另外是为了干扰对方的判断，使其做出错误的或者说不利的定约。由此可见，叫牌其实是一种心理战。桥牌比较复杂，老年人首先需要弄清楚一些基本的规则和术语，然后再慢慢摸索游戏技巧。

（一）游戏规则

玩桥牌的时候，需要用的几个基本术语有定约、发牌人、明手等。

1.定约

定约是指被叫的级别最高的花色将是将牌花色或是无将，并且将这一级别的数字即为定约的水平，两者合称定约。

桥牌游戏中，一般认为黑桃和红心是高级花色，方块和梅花是低级花色。每个花色中牌的大小顺序由大到小为A、K、Q、J、10、9、8、7、6、5、4、3、2。其中从A到10被称为“大牌”。

2.发牌人

发牌人即每轮游戏发牌和指定将牌和基本墩的人。将牌具有某些特权，基本墩一般有7个。

3.明手

明手指发牌人的同伴，属于从属地位，不仅要公开自己的牌，且只能听从发牌人的指挥，自己没有发言权。

（二）游戏规则

发完牌后，玩家根据花色以及大小整理自己手里的牌，但是不能公开。发牌人具有优先权，根据自己手里的牌的情况，指定将牌，以及基本墩。

当一个人叫牌后其他三家都不叫，则叫牌结束，最后一个叫牌是最后定约，最先叫这门花色的牌的人为定约人，定约人的同伴就成为明手，自己没有发言权，只能听定约人指挥，而且明手要全被摊牌，让其他玩家研究。十三墩牌全部打完后，双方计算自己得到的墩数并计算总得分。

第五节　其他项目锻炼方法

一、广场舞健身

广场舞是老年人自发组织起来的一种结合舞蹈和体操的活动形式。它的基本动作简单、易学、好记，只要掌握了一些基本的站立、步法等，就能开始练习。广场舞有很多种跳法，可以根据这些基本元素自行组合和编排舞步。

（一）基本步法

1.旁点踏

（1）两手在体侧叉腰，腿伸直并拢，脚跟相抵，脚尖稍分开，左脚向左迈一步。

（2）两腿分开，右腿屈膝上提，向上勾脚尖，上身右倾，然后向右迈一步伸出右腿，脚尖点地。

（3）上体姿势不动，右腿收回，向上勾脚尖，还原，两脚分开。

（4）左脚向上勾脚尖，然后向左迈一步，脚面绷直，脚尖点地。上体向左倾斜。

（5）左脚收回原位，两腿屈膝，两脚间距同肩宽，右脚脚尖稍外展。

2.两步平踏

（1）身体直立，双手在体侧叉腰，两腿并拢，脚尖打开，脚跟相抵。

（2）右腿屈膝上提，右脚脚尖向上勾起，左脚支撑重心，左脚重复此动作。

（3）两脚交替做以上动作，身体重心在两脚上来回变化，注意身体始终要保持平衡。

重复4次，每侧脚各2次。

3.吸点步

（1）双手在体侧叉腰，两腿并拢，脚尖打开，脚跟相抵。

（2）向左侧屈膝，右脚稍提踵，头与上体扭向左侧，目视左前方。

（3）屈膝深蹲，左脚支撑重心，右脚脚跟继续上提，脚尖撑地。

（4）右腿提起至大腿平行地面，右脚与左腿内侧紧贴，脚掌朝后。

（5）右脚在左脚前落地，脚面绷直，脚尖点地，身体向左扭转。

（6）右脚收回，上身和头部都转正。

（7）反方向重复上述动作。

4.三步走步

（1）身体直立，双手在体侧叉腰，两腿并拢，右脚向左脚前迈步点地。

（2）左脚向前垫步，脚尖点地，左脚依然在右脚后。

（3）左脚并向右脚。

（4）身体稍向右转。

（5）右脚迈向右前方。

（6）左脚向前垫步，脚尖点地，左脚在右脚后面。

（7）左脚迈向右前方，脚尖点地，左脚在右脚前面。

（8）右脚向前垫步，脚尖点地，右脚在左脚后面。

（9）左脚向前垫步，脚尖点地，左脚在右脚前面。

（10）右脚并向左脚，腿伸展并拢。

（11）身体和头转正，还原准备姿势。

（二）常见舞步

1.6步

1～2：右脚向前迈一步，左脚随后向前跟上。

3：右脚向前再迈一步。

4：左脚向右脚后方点步交叉。

5：左脚向左跨一步，与右脚在同一平面。

6：左脚在右腿前上方抬起。

2.16步

1～8：右脚向前一步点地，左脚抬、放；右脚再向后一步点地，左脚抬、放（重复一次）。

9～10：右脚向前迈一步，左脚紧跟垫步。

11～12：左脚向前迈一步，右脚紧跟垫步。

13～14：右脚向右上方迈出90°，左脚随后向相同方向迈步紧跟。

15～16：右脚再向右上方迈出90°，左脚继续向相同方向迈步紧跟。

3.18步

1～2：左脚向左移动一步，右脚同样左移。

3～4：右脚向右移动一步，左脚再随之跟上。

5～8：左脚向前移动一步点地，再向后移动一步点地，然后再向前移动一步点地，右脚向左脚前方移动与之交叉。

9～10：左脚向左前方移动一步点地，右脚随之跟上。

11～12：左脚向左迈出90°，然后右脚向左移动一步点地，跟上左脚。

13～14：右脚向右移动一步成90°，左脚向右脚后移动与之交叉。

15～16：右脚向右移动一步成90°，左脚向右移动一步点地。

（三）组合舞步

1.8步组合示例

（1）自然直立，两手在体侧叉腰，两肩齐平，腿并拢，脚跟相抵，脚尖分开。

（2）右脚向右迈步，脚尖点地，上体顺势稍向右倾，稍向左转头，目视左前方。

（3）两腿屈膝下蹲，右腿横向屈膝，左腿向前屈膝。

（4）腿伸直，左脚向左侧迈步，脚尖点地，上体稍向左倾，稍向左转头。

（5）屈膝下蹲，上体姿势不变。

（6）两腿伸直，右脚脚尖点地，向左前方顶胯，身体稍后仰，同时适当抬头，目视左前上方。

（7）右腿向左脚前方迈步，脚尖外展，左脚脚尖点地。

（8）左脚向左前方迈步，向前顶胯，右脚脚尖点地。

（9）右脚并向左脚，脚跟相抵，屈膝半蹲，膝盖外展，上体稍向右转，含胸。

（10）腿伸直并拢，双手叉腰。
（11）身体和头转正，回到准备姿势。

2.16步组合示例
（1）身体直立，双手在体侧叉腰，两腿并拢，脚跟相抵，脚尖分离。
（2）身体左转90°，右腿向后伸展，脚尖点地。
（3）右脚前移半步，左脚同时向前移动。
（4）身体继续向左转90°，右脚迈向左脚前方，左脚脚尖点地。
（5）左脚向前移半步，右脚同时向前移。
（6）再转体90°，左脚向右前方迈出，右脚脚尖点地。
（7）右脚向前移半步，左脚同时前移。
（8）上体继续左转90°，右脚向左前方迈出，左脚脚尖点地。
（9）左脚向前移半步，右脚同时前移。
（10）右脚向右前方迈一大步，脚尖点地。
（11）右脚收回与左脚并拢，身体直立。
（12）左脚向左迈一大步。
（13）右脚并向左脚。
（14）左脚再向左迈一大步，脚尖点地。
（15）左脚收回与右脚并拢。
（16）左脚再向左迈一大步，脚尖点地。
（17）左脚再收回与右脚并拢。
（18）身体、头正直，双手叉腰，两腿并拢，还原准备姿势。

3.32步组合成套动作
（1）两臂自然放在体侧，两脚并拢，脚跟相抵，脚尖分离。左脚迈向右前方，在右脚前交叉，右脚提踵，脚尖点地，上体稍向右前方转，向左扭头。左臂在身体左侧平伸，右臂前伸。
（2）右脚迈向左前方，超过左脚，向左前方扭转上体，手臂姿势与上面相反。
（3）左脚向左后方向退步，脚尖点地，身体稍向右前方扭转，手臂姿势同（1）。

（4）右脚向右后方向退步，向左侧前方稍转体，头顺势扭动。手臂姿势同（2）。

（5）原地踏步，左膝弯曲上提、下落，右臂屈肘上抬，手指朝上，左臂落于体侧。

（6）右膝弯曲上提、下落，左臂屈肘上抬，手指朝上，右臂落于体侧。

（7）左膝弯曲上提、下落，右臂屈肘上抬，手指朝上，左臂落于体侧。

（8）右膝弯曲上提、下落，左臂屈肘上抬，手指朝上，右臂落于体侧。

（9）两膝同时弯曲，稍向下蹲，两臂从右向左甩动，重心在两腿间。

（10）向左上方甩臂，上体左转，左膝弯曲支撑重心，右腿斜伸直。

（11）原地踏步，右膝弯曲上提、下落伸直。

（12）左膝弯曲上提、下落伸直。

（13）屈膝稍蹲，两臂从左向右甩动，重心在两腿间。

（14）向右上方甩臂，身体右转，右膝弯曲，支撑身体重心，左腿侧伸展。

（15）原地踏步，左膝弯曲上提、下落伸直。

（16）右膝弯曲上提、下落伸直。

（17）左脚迈向右前方，超过右脚，右脚提踵，脚尖点地，上体稍左转，左臂向体侧平伸，右臂前伸。

（18）右脚迈向左前方，超过左脚，上身向右侧转，手臂姿势与（17）相反。

（19）左脚向左后方退步，脚尖点地，身体向左侧转，手臂姿势同（17）。

（20）右脚向右后方退步，上体右转，头向右扭转。手臂姿势与（17）相反。

（21）左脚迈向右前方，超过右脚，右脚提踵，脚尖点地，上体左转，同时头左转。左臂在体侧伸直，右臂前伸。

（22）右脚迈向左前方，超过左脚，上身向右扭转，手臂姿势与（21）相反。

（23）左脚向左后方退步，脚尖点地，身体向左转，手臂姿势同（21）。

（24）右脚向右后方退步，上身向右侧转，头顺势右转。手臂姿势与（21）相反。

（25）身体向后转180°，左脚大步退向左后方，右腿伸直，手臂向左后上方摆动。

（26）手臂落于体侧，右脚退回并向左脚。

（27）左膝弯曲上提，下落伸直，右臂屈肘上提，手指向上，左臂自然垂于体侧。

（28）右膝弯曲上提，下落伸直，左臂屈肘上提，手指向上，右臂自然垂于体侧。

（29）身体向后转180°，左脚大步退向左后方，右脚伸直，手臂向右后上方同时摆动。

（30）两臂自然下落，右脚后退与左脚并拢。

（31）左膝弯曲上提，下落伸直，右臂屈肘上提，手指向上，左臂自然垂于体侧。

（32）右膝弯曲上提，下落伸直，左臂屈肘上提，手指向上，右臂自然垂于体侧。

（33）左臂下垂于体侧，还原准备姿势。

二、自行车健身

自行车是一种非常常见的体育锻炼方式。由于具有较强的普及性和实用性，也可以作为老年人的一种日常锻炼方式。比如单人自行车、双人自行车等。老年人在生活出行、购物的时候，可以选择骑自行车。一方面，自行车是一种方便的交通工具，可以实现代步功能、载物功能，可以将一些较重的物品放在自行车上，减轻老年人的负重压力。另一方面，经常骑自行车，还可以锻炼四肢力量、身体的协调能力以及观察和判断能力等。

但是，一般情况下，自行车锻炼适合于那些在年轻时就有骑车技巧和经验的老年人，如果从来不曾骑过自行车，或者很多年没有骑过，技能已经生疏，则不建议采用。

（一）自行车锻炼的基本方法

首先，老年人应做好充分的热身，尤其是对踝关节、膝关节和腕关节的准备活动，以便在骑行中能够自由掌控踩踏、转向等情况。

其次，做5分钟的全身拉伸活动，激活各个关节和肌肉组织，促进血液循环，为之后的顺利骑行做好准备。

最后，还要注意穿上合适的运动鞋，保证在蹬踏脚踏板的时候，不会滑蹬，避免危险。

做好以上的准备工作之后，就可以开始骑行了。在锻炼时，建议老年人选择路面宽敞、行人和车辆较少的路段，戴上健身手表或者运动手环，用以随时监测速度、距离和心跳等指标，从而对运动过程有清晰的认识，并将每次健身情况记录下来，长期下来就能够对锻炼效果和身体健康指标有一个清晰的认识。

（二）自行车锻炼的注意事项

（1）自行车属于户外运动，因此在运动前务必查看当日的天气预报，雨雪或寒冷天气应避免出行。

（2）定期检查自行车的各个主要部件，比如车胎是否气体充足，胎纹是否清晰等。如果长时间磨损，胎纹变浅，则容易在骑行中打滑，形成安全隐患。另外，还要检查前后车刹、脚踏车铃、车把等是否正常。

（3）穿着合体的运动服装和运动鞋，保证骑行过程中身体可以自如活动。

参考文献

[1]张继东，闪明，索海洋.老年体育学概论[M].北京：化学工业出版社，2020.

[2]于军，刘天宇.幸福中国视域下的老年体育干预[M].北京：人民出版社，2017.

[3]任玉嘉.老年人精神幸福感与体育锻炼研究[M].兰州：兰州大学出版社有限责任公司，2021.

[4]刘路.互利与共赢：中国老年人体育健康促进的协同治理[M].北京：中国社会科学出版社，2021.

[5]赵健.中老年体育健身理论与方法[M].济南：济南出版社，2007.

[6]伊向仁.老年体育与健康管理[M].济南：山东大学出版社，2016.

[7]王燕鸣.老年体育学[M].济南：山东大学出版社，2001.

[8]邓树勋，肖渝滨，林建棣.老年人体育健身指南[M].广州：华南理工大学出版社，1999.

[9]代良伟.21世纪的老龄化社会[M].沈阳：辽宁大学出版社，2010.

[10]韩鹏.新时期我国人口老龄化问题[M].北京：经济管理出版社，2015.

[11]姜向群，杜鹏.中国人口老龄化和老龄事业发展报告[M].北京：中国人民大学出版社，2015.

[12]李享.老龄化背景下的休闲行为研究[M].北京：中国旅游出版社，2015.

[13]黄润龙.人口老龄化对我国经济发展的影响因素[M].北京：科学出版社，2015.

[14]宋子重.中国老年体育[M].北京：中国文史出版社，2007.

[15]陈秀才.老年人体育消费现状及发展对策探析[J].田径，2019（02）：

42–43.

[16]李鑫.“健康中国”背景下长沙市老年人体育需求特征及影响因素研究[D].湖南师范大学，2020.

[17]王健壮.城市社区老年人体育需求和公共体育设施供给矛盾研究[D].牡丹江师范学院，2022.

[18]周常青，胡慧.棋牌类智力游戏对社区老年人认知功能的影响[J].护理研究，2020，34（15）：2784–2787.

[19]余小红，邢颖，许丽娟，孙延建，单恩芳，李现文.棋牌类智力游戏对老年人认知域功能影响的Meta分析[J].中国护理管理，2022，22（10）：1546–1553.

[20]李慧.健康中国建设背景下老年人体育需求凸显研究[J].山东体育学院学报，2020，36（03）：48–53.

[21]肖军.老年人体育需求及社会支持体系研究[J].哈尔滨体育学院学报，2017，35（02）：57–61+66.

[22]尹飞腾.大连市老年人体育公共服务供给效能提升研究[D].辽宁师范大学，2022.

[23]夏聪，许军，吴伟旋.我国老年人口的健康状况及影响因素分析[J].护理研究，2016，30（21）：2580–2583.

[24]莫辛欣，潘晓彦，曾维轲，张小芳.老年体质类型及影响因素的研究进展[J].国际中医中药杂志，2017，39（10）：953–956.

[25]顾大男.老年人年龄界定和重新界定的思考[J].中国人口科学，2000（3）：4251.

[26]傅崇辉，王文军.多维视角下的老年人社会健康影响因素分析[J].中国社会科学院研究生院学报，2011（5）：124–131.

[27]陈蕾，李曼，李文霞等.社区老年人慢性病与生活方式调查及分层护理模式构想[J].中国全科医学，2013（11）：1012–1015.

[28]顾丽燕.运动医务监督[M].北京：北京体育大学出版社，2009.

[29]林耿南.中老年人运动指南[M].北京：中国医药科技出版社，2013.

[30]刘星亮.体质健康概论[M].武汉：中国地质大学出版社，2010.

[31]张广德.中老年人常见病养生运动处方[M].北京：高等教育出版社，

2013.

[32]吕高飞.体育与健康基础理论教程[M].北京：清华大学出版社，2006.

[33]国家体育总局.运动健身指南[M].北京：人民体育出版社，2011.

[34]刘胜，张先松，贾鹏.健身原理与方法[M].武汉：中国地质大学出版社，2010.

[35]黄华清.运动与健身[M].武汉：华中科技大学出版社，2006.

[36]关辉.体育运动处方及应用[M].北京：北京师范大学出版社，2010.

[37]张新萍，屈萍.体适能提升与健康促进[M].广州：中山大学出版社，2020.

[38]李莹.关于体质与健康关系的理论与实证研究[J].体育世界（下旬刊），2013（07）：16-17.

[39]郭庆红，徐铁.健身运动指导全书[M].北京：农村读物出版社，2012.

[40]张宏波，王艳红，战云龙.球类运动[M].大连：大连理工大学出版社，2014.

[41]孙永武.太极拳——运动健身丛书[M].福州：福建科技出版社，2013.

[42]宋加华，崔素珍等.民族传统体育保健学[M].北京：民族出版社，2002.

[43]杨涵墨.中国人口老龄化新趋势及老年人口新特征[J].人口研究，2022，46（05）：104-116.

[44]彪巍，秦侠等.对完善我国人口老龄化应对策略的思考[J].中国卫生事业管理，2012，29（07）：547-548+553.

[45]杜鹏.积极应对人口老龄化，推进中国式现代化[J].人口与发展，2022，28（06）：2-6.

[46]周桂兰.安徽人口老龄化对社会发展的影响研究[D].安徽大学，2011.

[47]曹欣.人口老龄化对经济社会发展的影响及对策研究[D].苏州大学，2013.